JN013417

~ 支配者たちの統計学 ~

コンスタンス仮説

CONSTANCE HYPOTHESIS

【天命編】

作・コンスタンス仮説研究協会

〜支配者たちの統計学〜

コンスタンス仮説「天命編」

目次

II

コンスタンス仮説

第二部 天命編

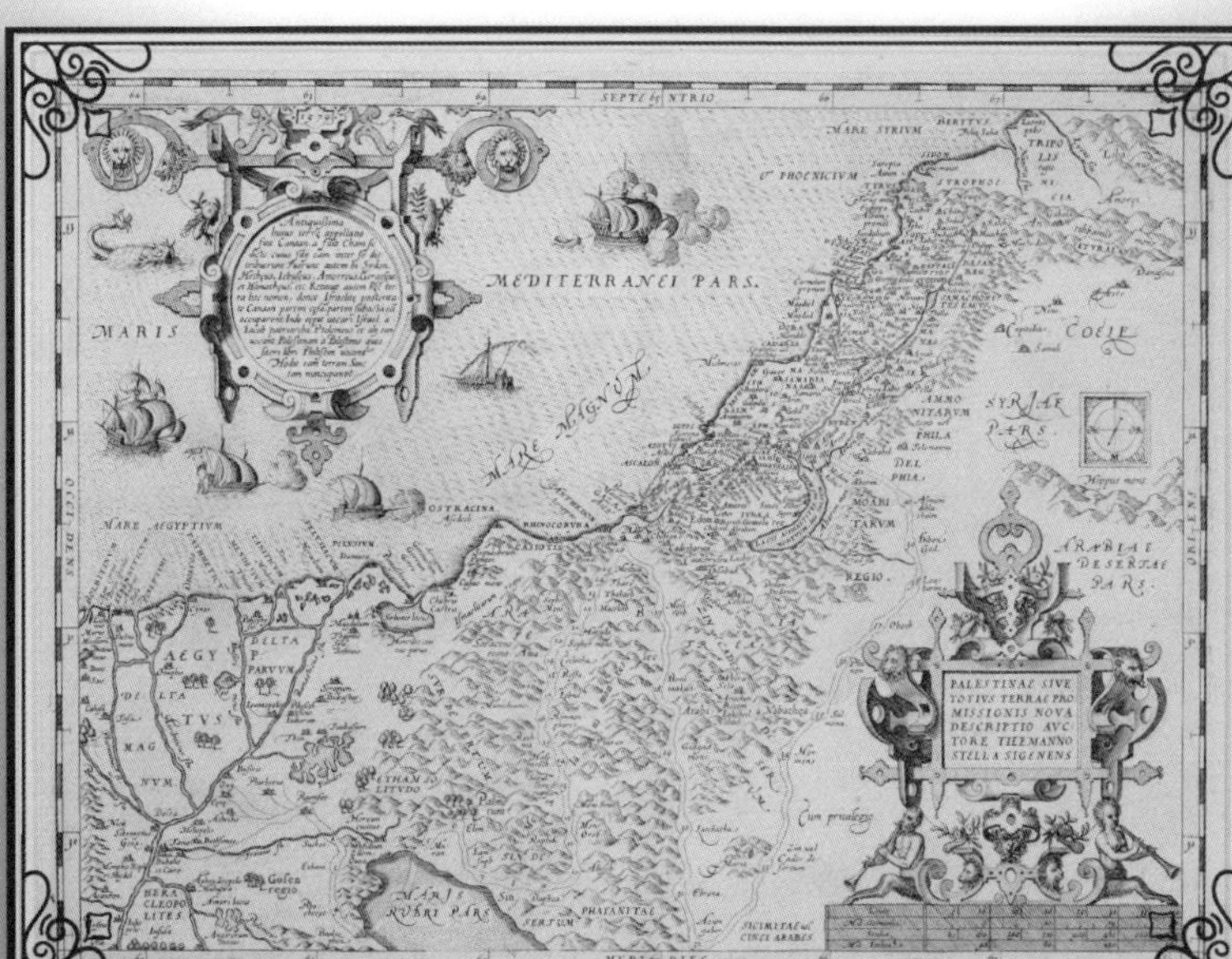

「コンスタンス仮説とは？」

さて、あなたはコンスタンス仮説と言うものを知っているかな？

これは非常に歴史ある統計学で、他に類を見ないような特殊な性質を持っているんだ。同時に、この性質を理解して自分の人生に活かすことで、生き方が一変してしまうこともあるほどの、強烈な人生の指標でもあるんだ。

その効果のほどは、僕自身も感じたし、僕の元でコンスタンス仮説を学んだ人々も、きっとこの本を読み終えるころにはあなたも感じていることだろうと思う。

というわけで、良ければまずはこのコンスタンス仮説の紹介を、この統計学のもつ特異な性質の解説とともに、させてもらおうかな。

コンスタンス仮説の特筆すべき性質は、大きく分けて次の五つになる。

1. 分類の細かさ
2. 進化し続けている「仮説」
3. 成功者のための統計学
4. 過去、現在、未来の要素を持った統計学
5. 今や世界中でコンスタンス仮説を教えているのは、この本だけかも

それじゃあ、一つずつ見ていこう。

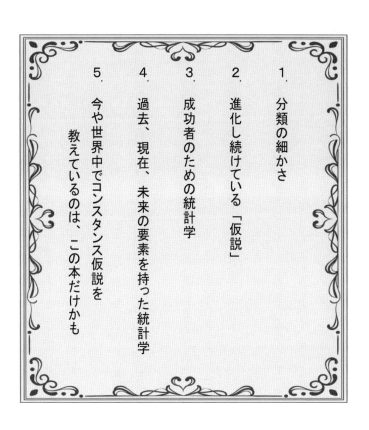

まず一つ目、分類の細かさについてだね。
あなたは他に統計学や占いを知っているかな？

六星占術、四柱推命、数秘術、マヤ暦、色々あるね。それぞれが非常に魅力的な性質を持っている。
ああいったものの中には、占いではなく統計学って呼ばれるものがあるよね？
なぜ、あえて占いではなく統計学と呼ぶのかな？

それは、その性格の分類法が、膨大なデータを元にした統計から出来ているからなんだ。
何月何日に生まれた人はこういう傾向にあるねー・・・という感じでね。

でも、あくまで平均をとったデータってわけだから、当然、当てはまらない部分も出ることもあるけど、その統計学の歴史が深いほど、それまでのあらゆる人のデータをサンプルにして統計が取れるから、精度は高くなるんだ。

例えば、歴史ある統計学があってさ、しかも人を１００パターンにまで分類するようなものだったとしよう。すごく細かく分類されているように見えるよね。

だけど、人類が、だいたい60億人いたとして、その統計学では6千万人ずつ同じ性格にしようとするわけだから、そこには当然、同じ分類でも若干の差異が出始める。歴史ある統計学だから、精度が高いとはいえどね。

「あなたは○○って分類になるけど、ちょっと○○らしくないところがあるね」とか「あなたは▲▲っていう控えめ分類なのに、友達の前でだけはまるで◆◆っていう分類みたいに目立ちたがり屋だね」とか、部分的な例外が出てくるのよ。

じゃあ、もし100通りどころかもっと物凄く細かく分類して、誰とも被らないような、あなた一人の存在を分析出来るような統計学があったらどうかな？

それが、コンスタンス仮説。なんと最終的には数万通りに分類することになる。だから、「あなた」が何者なのか、というところにフォーカスできるんだ。

完全に被ってる人がいたら、逆に運命を感じるくらいだよね。

そして、二つ目は、なぜコンスタンス仮説がコンスタンス「説」ではなく、コンスタンス「仮説」と呼ばれているのかな？
それはね、コンスタンス仮説は進化しつづける学問だからなのよ。

コンスタンス仮説の発祥は、紀元０年～４００年くらいのコンスタンティノープルという所なんだ。

で、その地名に由来してコンスタンス仮説になった、と言われてるんだけど、このコンスタンス仮説っていうのはね、実は出来た当時はまだ、ただの星占いだったと言われているのよ。

ただ、時間の経過と共に、そして国々を渡って伝わる中で徐々に変化していってね。干支のある国に行けば、干支を計算式に取り入れて、漢字のある国に行けば、計算式に各数を取り入れ、血液型というものが見つかれば、それを取り入れて、というように、より細かく正確に分類するために常にアレンジされ、進化し続けてきたんだ。
だから「仮説」なんだね。

だから、統計学が好きな人は、あ、コンスタンス仮説のこの部分はこの統計学と似てるなあ！って感じる事もあるんじゃないかな？

四柱推命や数秘術、易経にタロット、きっと国を渡る中で取り込まれていったんだね。

ちなみに、やっぱりそういう性質からか、国によって計算の仕方が若干だけど違っていたみたいなんだ。まあ、流派みたいなものだろうね。実は、動物を見るためのコンスタンス仮説もあるんだよ。
その場合は、生年とか、毛の色とか模様を要素としてみるんだけどね。

そして３つ目の特徴、ここからが凄く大事。

コンスタンス仮説は、成功者の為の統計学と呼ばれているんだ。

実際、元々はヨーロッパの支配者階級に愛されていてね。そのまま世界の権力者の間を渡り歩いた知識なんだ。

なぜ、成功者のための統計学と呼ばれ、実際に成功者たちに愛されていたのか。

この統計学で表される各分類は、まず、こんな形になっている。

◯◯の◯◯。

例えば、「あなたは「学者の手紙」だね」とか、「あなたは「司祭の愛」だね」と、こんな具合に、二つの単語で表されるんだね。

ちなみに僕は将軍の目なんだけど、この前後に分かれた名称の一つ目の部分、僕でいうなら、将軍の目の「将軍」の部分は、六星占術や血液型診断にすごく近い要素を持っているね。

今のあなたはこんな人で、こんないいところがあって、こんな欠点があって、というような内容を表すんだ。コンスタンス

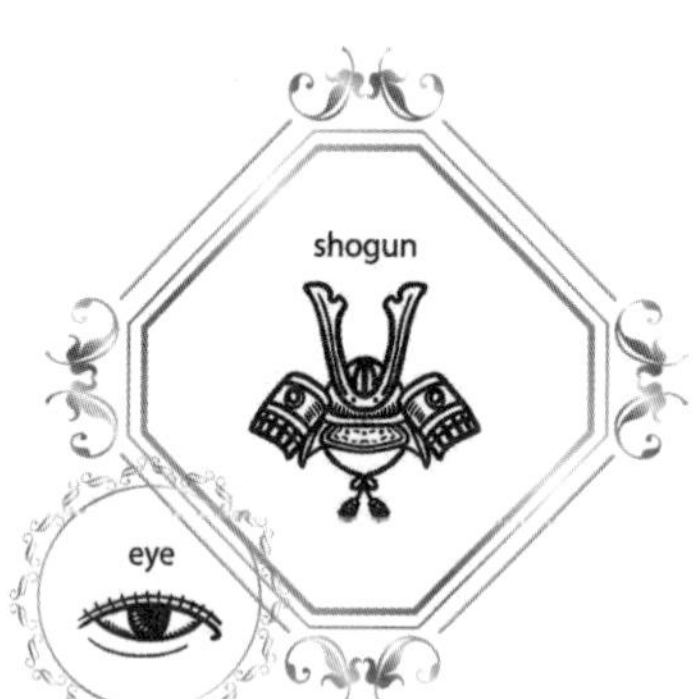

仮説ではこの、最初の単語で表される表面の部分を「表層」と呼ぶんだ。これだけでも全部で12種類もある。

もっと大事なのはこの後の、「天命」と呼ばれる部分。ここは、9種類あってね、僕でいうなら将軍の目の「目」の部分だ。

ここはその人が持って生まれたけど、出せずにいる才能と、成功のためにすべき生き方を使命、天命として教えてくれる。これさえやれば成功するって部分をね。

例えば僕は将軍の目だって言ってたけど、将軍っていう表層は、自分で望まなくともいつの間にか押し上げられるような天性のリーダーだそうだね。言われてみれば子供のころからなんでも仕切ったり、部活動でも部長をやったり、生徒会長をやったり、音楽をやればバンドのリーダーをやったり、ビジネスにおいても専らリーダーシップをとるような役割をやっていた。けど、特別大きな成功がそれによってもたらされると言うことは無かったんだ。

本当に、大きな成功を納めることはたのは、天命である「目」の生き方をし始めてからだった。

「目」の人が成功するためには、物事の本質を理解しようとしたり、人の心やスピリチュアルなものみたいな、「目に見えないもの」と向き合う必要があるんだよね。

実は僕は本業は心理カウンセラーでね。この職業についてから、他のあらゆる才能やビジネスのチャンスをものにできるようになったんだ。

そう、今言った「目」の性質を考えると、まさにカウンセラーこそ、「目」の天命を生きるのにふさわしい仕事だよね。もちろんコンスタンス仮説を知ったのはカウンセラーになってずいぶん後だったから、納得と同時にびっくりしたよ。

でも、そのおかげで、今は多くの僕よりよっぽど立派な人々に、先生と呼んでもらえて、慕って貰えるんだからね。僕にとっては紛れもない成功だ。

しかもこのほかに14個、合計15個も天命を生きる方法が記されているんだ。それも各天命ごとに15個。天命ごとに全部違う。そして、やっぱり実体験として、この生き方を意識してから僕の成功がさらに大きくなったのは間違いない。

しかも、面白いものでね。

天命を生きる方法は15個がそれぞれ、質問形式になっているんだ。

例えば、「将軍の目」の僕なら、自分に対して毎朝その質問を投げかけて、15個、全てに答えられている時は、将軍の目、になれている。ひとつでもかけていると、ただの将軍になってしまうんだ。

これを指標にしてみると、毎日の目標が極めて明確になるし、漫然と過ごすことも無くなる。毎日がものすごく充実してくる。事実この質問に答えられている時は、自分が自分じゃないかのような力を発揮してきてる。これも実体験だね。

まるで六星占術みたいな自分を知る要素と、マヤ暦みたいに本来の自分の眠った力に目を向ける要素、それぞれを全て兼ね備えてるような統計学なわけだ。すごいよね！

そして、四つ目なんだけど、実はコンスタンス仮説の分類は12種の「表層」と9種の「天命」だけじゃないんだ。

みんなは疑問に思ったこと無いかな？

色んな統計学があるけど全部に言えること。

例えば血液型ならさ、まあ、血液型分類は統計と言うにはちょっと大雑把過ぎちゃうんだけどね。分かりやすいから例にさせてもらうけど。

どちらもA型の両親に育てられたO型の人とさ、どちらもB型の両親に育てられたO型の人の性格がさ、完全に同じになる訳がないと思わない？？

まあ、傾向としては合っていてもね。個人を正確に分類し難い。これは六星占術にもマヤ暦にも言える事だね。

でも、コンスタンス仮説は、親の天命を利用した計算で、「国」と言う要素を割り出す。これによって、自分の表層や天命がどれだけ歪められたか、本来ある才能が失われていたり、同時に本来ないはずの才能が生まれているかが分かるんだ。もちろん仮に親と死別していたり、片親でも、ちゃんとした計算方法がある。

言われてみれば環境が性格に影響するなんて当たり前なのに、今までこれを考慮した統計学は、中々聞いたことがないよね。それを、数千年前からやってきていた可能性もあるんだ。昔の人って凄いね！

しかも、これも12通りもある。

これによってコンスタンス仮説はこんな風になる

「夜の国の政治家の手紙」

○○の○○の○○

って形式だ。面白いね。

でも、まだまだ！
これだけじゃない！
コンスタンス仮説はさらに、「成り」と「造り」っていう分類があるんだ。
最初に言った表層や天命が、性格とか考え方、生き方みたいな抽象的な部分を表すんだけどね。

もっと具体的に、どんな物理的能力をもたらしてくれるのかを表すんだ。

例えば表層で「司祭」と言う分類だった人は凄く頭の回転が早いんだけど。頭の回転が速い、とはいっても、それを生かして学業で優秀な成績を収められる人もいれば、人間関係のときだけ妙に鋭く思考が働く人もいるよね。じゃあ、あなたはどんな司祭なのか？それが分かるのがこの「成り」って部分だ。

たとえば、今度は天命で「鎧」っていう分類だった人は、非常に忍耐強いけど同時に行動力が凄い。この性質だってどう出るかはわからない。金銭面では凄く堅実さが生きるのに、恋愛では凄く切り替えが早いかも。あるいは真逆で、散財癖があるけど、一途な人かも。どんな「鎧」なのか。それがわかるのが、「造り」だね。

統計学で出た分類を、さらに分類してしまうような作業だ。これで出てくる結果は、当然ものすごく緻密なものになるよね。

しかも表層から導き出す「成り」は、表層ごとに各4種類の合計48種類。天命から導き出す「造り」は、天命ごとに各5種類の合計45種類もあるんだ。

ちなみに「成り」と「造り」は、心理テストみたいに質問に回答する形式で探っていく。
どの質問にどう回答したかに応じて導き出されるんだ。
ここまでをすべて算出することで、コンスタンス仮説における分類はこんな風に表現される。

「国」	「成り」	「表層」	「造り」	「天命」
夜の国の	クリーンな	政治家の	太陽の	愛

そして僕が理解してほしいコンスタンス仮説の凄さっていうのはここから！

「国」という分類は、生まれてから3歳くらいまでにどんな天命の人に育てられたか、その環境で決められる。いわば過去を分析したものだよね。

そして、「表層」と「天命」は、今この瞬間に紛れもなくあなたに備わっている、いま現在を表現したもの。

「成り」、「造り」は、質問で導き出すって話をしたよね？

でもそれだと、1年後、2年後、あなたの生き方次第では、考え方が変わってさ、質問に対する答えも変わってくるかも知れないよね。つまり、この「成り」と「造り」が示す才能は、あなたの成長に応じて変化していくというわけだ。
「私は2年前までは「太陽の愛」だったけど、今は色々あって、「海の愛」になってたんだ。私にはこっちの方が生きやすいよ」みたいな感じにね。
つまり、これから先に変化し得る要素。「成り」と「造り」は未来を示すわけだ。

国が過去を
表層と天命が今を
成りと造りが未来を

コンスタンス仮説は人生の全体を見て、それを全て知って、変えていくことすらできる。まさに究極の統計学なんだ。

そして、五つの特徴の、最後のひとつ。

実はこのコンスタンス仮説、残念ながら、王族の衰退や貴族の解体に伴って使われなくなっていたんだ。彼らが頑なに表に出さなかったからだと言われているけど、少なくとも表向きに使われた記録はここ100年近くは残っていないみたいだね。

僕がこれを知れたのも、僕が良く自分の研究やセミナーのために、面白い心理学のネタを探しにコッソリ通ってるドイツのコミュニティがあってね。
そこには心理学者だけじゃなくて、考古学者とか、人文学者とか歴史学者の方もいるんだけどさ、そこにいる人が、たまたまコンスタンス仮説の事を教えてくれたんだ。

ただ、それも最初は非常に断片的な情報で使い物にはならないものでね。
それをきっかけに、方々から情報を集めていったんだ。

やっぱり、国から国を渡り歩いていたというだけあって、情報もバラけていてね。数年かけてようやく、歴史の通りに形を再編して、今の時代に合った言葉に翻訳して、分かりやすい表現にアレンジして、「コンスタンス仮説」と日本語で銘打って、ようやくこうして本に起こせるようになったんだ。

だから、まあ、世界は広いから、言い切れないけど、少なくとも僕や、僕にこれを伝えてくれた学者さんたちの知る限りでは、コンスタンス仮説を教えているのは僕だけ。

つまり、この本を手にしたあなたは、現代を生きる人の中では、本当に数少ない、「コンスタンス仮説に最初に触れた人間たち」かも知れないよね。

なんだかワクワクしてくるね。

自分自身が何者なのか?どんな考えを持てば成功できるのか?何がその邪魔をしているのか?
具体的に何をしたら良いのか?

コンスタンス仮説でこれを全て理解できるんだ。

みんなが今幸せなのか、不満なのか僕には分からないよ?
けど、次の二つならどちらがいいか、考えみて?
コンスタンス仮説を知って新たな、真の力を取り戻した自分として、今までとはまったく違う人生を歩むのか?

それとも今までと同じ人生を歩んでいくのか。
考えてみて?
どっちがいいかな?

いつも選ぶのは、あなただ。
もちろん今回もね。

あなたには自分の人生の選択を、自分で選ぶ権利があるんだ。

さて、ここで変わることを選んだあなたには、このまま本書を読み進めてもらおうかな。

この本の中では、コンスタンス仮説の「天命」を学んでもらうことになるね。

分類の算出方法

まずは是非、携帯アプリケーションの**「コンスタンス仮説公式アプリ」**をダウンロードして、自分の分類を知って欲しい。

アプリ内の、コンスタンス仮説分類計算ページは**無料**で利用できるよ。生年月日や血液型を入力するだけでね！

そこで、あなたの表層と天命を算出してから、読み進めてね。

自分国や、成り、造りについて知りたい人は、以下のホームページより個人セッションを申し込んでね。

https://constance-hypothesis.com

コンスタンス仮説のプロたちが、あなたのニーズに応えてくれるよ。

コンスタンス仮説 ホームページ

「天命とは」

天命というのはコンスタンス仮説の要ともいえる要素であり、コンスタンス仮説が成功者の統計学と呼ばれる所以だ。

ここは、今まであなたが知らなかった、魂レベルの使命や才能、性質を表す部分だ。あなたが周囲の人から受ける印象や自己評価とは事なり、「内側に潜んだ真の姿」を表すのがこの部分だね。

この天命の性質を最大限に発揮しているとき、つまり、まさに天命に従っている時に、我々の能力はどこまでも伸びて行くし、望む自分の姿を作り出せるわけだ。

しかし、多くの人が「天命」を理解していなかったり、別の本で扱っている「表層」と言う表面的な性質が自分の全てだと思ってしまい、「天命」の発揮に至っていないのが現実なんだ。

もちろん「天命」の開花のためには、「表層」もよく理解しなければならない。

例えば、「天命」の課題に「革新的に、新しいものを追求する」というような項目があって、一方で

【9つの天命】

「表層」で示される性質には「保守的で古いものを大事にする」とあった場合には、どちらもできるように頑張ったり、うまく折り合いをつけたり、乗り越えたりしなきゃいけない試練になるんだ。

反対に、表層的にも天命的にも「革新的である」っていう人もいるね。こういうのはラッキー。その人の中で一番開花しやすい部分だね。

「コンスタンス仮説が作る未来」

では、早速、天命を学んでいく前に、これを読んでいるみんながもっとワクワクしてくれるように、コンスタンス仮説研究協会の優秀な研究者やセラピストたちから、このコンスタンス仮説を学ぶ事で、この先の人生がどのように変化していくのかを改めて聞いてみよう。

コンスタンス仮説を知ることで、私たちは、生まれる前に自ら選んできた設計図とパスワードに気づき、実は、自分は忘れたように感じていたけれども、いつも自分の心の奥底に忘れることなくあった存在に気付き、生まれる前にワクワクしてその設計図を決めていた自分に再会できた喜びと懐かしさを感じるのである。

何か自分の望む人生を歩めていないと悩んだ時は、思い出してほしい

私たちは、約２６０００通りの生き方の指針を既に持っていることを。

今、自分が選択しているコンスタンス仮説の組み合わせを毎日楽しんで体験してみよう。

もし何か違和感を感じたとしても、それもあなたが体験したくて選んだ今だから。

その体験の中で、自分の未来はきっと想像以上になっていくだろう。

未来のあなたが選ぶその先のあなたの未来は、あなただけが選ぶことができ、あなただけがパスワードを持っている。

コンスタンス仮説を知ったあなたは、自分が生まれる前に決めてきた設計図以上の人生を体験できる。

コンスタンス仮説で自ら創造する未来を楽しむのも、コンスタンス仮説を進化させるのも、コンスタンス仮説の使い手であり、成功者となったあなたである。

コンスタンス仮説研究協会　杉山 智子

コンスタンス仮説との出会いは、本音で言うと
「難しそうで苦手だなぁ」と、思ったのが始まりでした。

世の中で言う、占いや統計学などその部類のものは得意分野の私は、ある程度見聞きすると理解が出来る方なのだが…。

このコンスタンス仮説は、？？？はてなマークが次から次に出るだけで無く、奥行きというか…果てしなく情報が溢れていて、緻密な迄の壮大な統計学。

もはや学問の領域のものだという事を、勉強が苦手な私は、コンスタンス仮説と出会ったその時に、直感的に感じていたのかもしれない…。

見て見ぬふりをしていた私にコンスタンス仮説は（不思議な事に）学ぶチャンスが何度も繰り返して訪れる事になり、２度、３度と繰り返し繋がる度に、少しずつ私の中で変化した想いがあった。

ある時、コンスタンス仮説の表層、天命、国、様々な名称が輝いて見えた瞬間が訪れたのである。

坂口烈緒氏がどんな想いで、この名前を付けたのか。

まるでその瞬間が映画のように、私の目の前で繰り広げられるイメージが、キラキラと水飛沫をあげて噴水のように湧き出るような感動を覚えた時、

私はコンスタンス仮説に織り綴られた深い深い愛、
人が今世、自分を知る旅の心強い宝（バイブル）だと感じたのです。

その瞬間に私の心は、
未だ進化を続けているコンスタンス仮説に猛烈に恋をしたのです。

この私の愛するコンスタンス仮説が、いずれ日本だけでなく、世界中に広がり、様々な国や言語で、
未来を夢見る人々を、鮮やかな人生に導くバイブルとして語り継がれる事になるでしょう。

そのコンスタンス仮説の船出の瞬間に出会えた事に、深い喜びと、感謝と尊敬を送ります。

ご縁する皆さんの元に繋がる事を願って。

コンスタンス仮説研究協会　海老原 美佐

これまでの人生でどれだけの夢を諦めてきただろうか。
どれほどの夢を否定され続けてきただろうか。
「そんな夢は無理だよ」と自分自身に言ったことはないだろうか。

夢の限界を作ってきたのは、親だったかもしれないし、周りの知人だったかもしれないし、自分自身だったかもしれない。

しかし、これまで諦めてきたあの夢は叶うと教えてくれるのが、コンスタンス仮説である。

私たちは、ただ夢の叶え方を知らなかった。
夢を叶えていない人たちの現実を多く見てきた。
あるいは、夢が叶う人たちを見て真似してみたけど、上手くいかなかった。

コンスタンス仮説は、あなた自身を映し出してくれる。
あなた自身の成功を。

人にはそれぞれの輝き方がある。

夢の叶え方がある。

それを教えてくれる。


夢を目的地に設定したときに、そのルートはひとつだけではない。

【馬車】には【馬車】の。【鎧】には【鎧】の。【蝋燭】には【蝋燭】の。それぞれのルートがある。

さらに目的地にいくための手段（車？電車？徒歩？）も様々である。

【政治家】には【政治家】の。【幼子】には【幼子】の。【司祭】には【司祭】の。手段がある。

【表層】【天命】【国】【成り】【造り】を知ったとき、自分の夢や目標へのルート・手段を見通すことができた状態になる。


つまり、ナビが設定された状態になるわけだ。

後は自分で進むだけ。


夢の設定は自由。

これまでの概念はそこに無くてよい。

叶うか叶わないかではなく、叶えたいかどうか。
叶えたい夢を設定したとき、コンスタンス仮説はそこへ連れていってくれるのである。

コンスタンス仮説研究協会　山下大地

コンスタンス仮説で、あなた自身を知ることで、生きやすくなったり、物事が上手くいったり、収入がアップするのはもちろん、本来の自分に気付き、使命を知ることで、自分の未来がより輝き、素晴らしいものになります。

そして、この二極化と言われる不安定な時代に、まだ、ほんの一部の人しか知らない、コンスタンス仮説に出会えた皆さんは、自分だけでなく、子供や家族の成功、対人関係、職場やあらゆる場面でも活用することができ、あらゆる人の悩みや不安を解消して、日本初の統計学を世に広く広めるインフルエンサーになることができます。

ここから描く未来は皆さんの自由です。どんな未来を描きたいですか?

コンスタンス仮説研究協会　山川 有紀子

『成功者は成功した人の真似をする』
これは成功者が残している名言でもある。

コンスタンス仮説の壮大な分析からわかる個人個人の分析により
自分の本質を見出だし改めて自分を深くみつめることができたとき、
この先の自分の未来も見えてくるのではないだろうか。

そして成功者としての傾向、分析を真似することによって、いままで遠回りしていた成功への
近道を見つけることができる。

成功者は常に走り続ける。
成功を保ち続けることが永遠の課題とするならば

成功の先にある無限の可能性に立ち向かい続けていけるマニュアルでもある。

コンスタンス仮説研究協会　ウエズミケイコ

コンスタンス仮説は、自分の現在、過去未来を知ることができ、何より両親からの影響をどのように受けてきたのかを知ることができるのです。

自分を細分化して見ることもでき、色、方角、動物、食べ物など多くの方面から自分に必要なものを知ることができます。このコンスタンス仮説をしることで、自分の生きてきた道。これから生きる道を知ることができるのです。

生きる道標になります。これから、どう?生きると良いのか?など詳しく知ることができるのがコンスタンス仮説。

未来を見て動き出せる統計学。それがコンスタンス仮説です。

表層は、今、出ているであろう特性です。

表層を知ることで、新しい捉え方、特性として苦手だと感じていたことがプラスに動き出します。
表層の自分を知ることで、今まで無意識に動いていたことが意識にあがり動き出します。
その結果、自分の特性を活かすことができていきます。

表層を学ぶことは、自分の今を輝かせていくことができます。

天命は、本質だよ。と、聞いた時。早く知りたいと思った。自分の表層と天命の特性がでていれば、成功する！と、聞いたからです。

そして、天命を学び。
自分の隠れていた新たな特性の発見を見つけることができた。

天命を知らなければ、苦しかったことも天命であると知ったことで苦しさから楽しさに変わっていった。

天命を知ることで、自分がより生きやすく特性を活かしていけるものです。

コンスタンス仮説研究協会　みすてん

夢を叶えたいと思うときに、コンスタンス仮説を知っているという事は、人生の羅針盤を持つに等しく、とてつもない安心感があります。

そして、自分自身の才能や得意とする事、苦手な事、気をつけるポイントを知り、持って生まれた使命とどう繋げて活かしていくのか?それが明確になります!

例えば『幼子の蝋燭』という『表層・天命』であった場合、簡単にいうと表層の『幼子』は好奇心旺盛で自分の思う方向に情熱的に突き進むという、その性質は成功者に必要な性質ですが、この『幼子』の好奇心と天命が相まって、『蝋燭』の直感に突き動かされたとき、未来を創り上げる『使命』が燃え上がると感じます！

それぞれの『表層』と『天命』の組み合わせによって織りなす成功パターンがありますが、夢を実現する為の【自分取扱書】であり、オリジナルの【成功マニュアル】と言えるでしょう。

コンスタンス仮説は正に成功者の為のバイブルです！

コンスタンス仮説を人生に最大限に活用するなら、時には軌道修正もしながら望む成功へと導かれるでしょう。

コンスタンス仮説研究協会　木村 由香子

私たちは、義務教育という名のもとで、等しく教育を受けてきました。これは、誰もが教育を受けられるすばらしい機会です。

だ、この等しい教育には、少し疑問をもちたいです。

学校の先生は言います。

「一人一人、自分の個性を大切にしましょう。」

しかし、等しい教育でそれはどの程度実現できるでしょうか。

誰一人、同じ見た目、同じ性格の人はいません。

それでも受ける教育はみんな同じなのです。

今の時代、高校や大学にまで進学することがほとんどですが、九年間の等しい教育を受けた子どもたちは、やがて社会に進出します。

そのときに、自分の個性の活かし方を知らなければどうでしょう。

自分に自信をもてなかったり、活躍の場を見つけられなかったり、最悪の場合、自分のしたいことをできないままでいたりすることもあります。

私たちが学んでいるコンスタンス仮説は、約２６０００通りに分けられます。
約２６０００通りの生き方を知ることができるツールです。
これでも、まだ一人一人にぴったりの生き方を見つけるには難しいかもしれません。
しかし、少なくとも一つの等しい教育よりかははるかに詳しい学びができます。

コンスタンス仮説は自分の理想に向かう方法が学べます。
より人生にやりがいをもって、楽しみながら成功へと進んでいけます。
コンスタンス仮説を用いて描ける未来は、自分の気もちに正直に歩める未来です。

魂から喜べる人生を描けるツールこそが「コンスタンス仮説」です

コンスタンス仮説研究協会　金　大吾

「愛」

「すべての原動力は愛」

・愛を無限に増やせる

天命が愛の人たちは、愛を生み出すことができるんだ。だから、自己愛に満ちている。自分自身が愛に満ちているので、人に愛の投資をすることができ、それが大きな富を生み出すきっかけとなるだろう。自己愛のある人は成功しやすいんだ。セルフイメージが高いということだからね。

自己愛がすごく深い愛の人たちは、人に愛の投資をすれば、相手がその愛を十倍にも感じてくれるんだ。人に多くの愛を感じさせることができて、自分自身にもまた多くの愛を感じさせることができる、愛のもとに生まれた存在なんだね。

・相手を引き立たせてこそ輝く

天命が愛の人たちは目立とうとすると端っこへ追いやられてしまう。前面に出ようとすると天命のよさが出なくなるから気をつけよう。愛の人が一番目立つときは縁の下の力持ちを目指しているときなんだ。目立たないようにしようとしているときに限って目立ってしまう。だから、目立ちたい、主役になりたい、スターになりたいと考えているのなら、あえて目立たないところを選んだ方がいいいね。愛は人が見つけてくれるものだ。自分自身で前に出ようとするのではないんだ。そこに気をつけて。

それゆえ、目立ちたがり屋の表層との組み合わせは相性がいいとは言えない。例えば表層が戦士なら、負けず嫌いな面や目立ちたがり屋な面をコントロールしないといけない。愛の天命を開花させるのに足を引っ張ってくるところだ。一番になるのではなく、二番でもいいじゃないかと言えればいいいね。

誰かを引き立てて、主役を自分に置かないことで、主役より目立ってしまうのが愛の人たち、コンテストなどで二番目だった人の方が売れっ子になるということがあるけれど、そのイメージだ。寛容さをもつことで花が開く。戦士の人たちは勝ちたいと思うから少し大変かもしれない課題だね。

誰かを基準にしたり、主題を主役にしたり、自分がメインで動くときでも自分を目立たせなくていい。

引き立て役としてスポットライトを浴びていることが一番目立つんだ。自分を魅せるためにがんばるのではなく、周囲を喜ばせたいからがんばるという気もちをもとう。愛をもって行動できているのかを基準にするだけで仕事ぶりが変わる。どうすれば人がグッとくるのか、クライアントのために動くと湧き出るものがある。愛の人たちの才能は何よりも愛すること。愛するということを動機にするだけでいろんな場面で成功できてしまう。答えはいつも愛に潜んでいるよ。

・生きとし生けるもの、全てを愛する

大地や空、雨や放射能…あらゆるものに愛を抱く、究極の愛を天命が愛の人たちはもっている。愛が深くて心も広い、つまり、表層が戦士や恋人の人たちは抜群に愛が深い存在でいられるんだ。また、表層が政治家の人たちのように、他人への愛情が薄く見られるような人たちにはとてもラッキーで、深い愛情というものがはっきり出てくるよ。

天命が開花していれば、家族、恋人、パートナー、子ども、友人は絶対に不幸にならない。
ずっと満たされた気もちになれるほど、身の回りの人たちを一生幸せにいさせられるんだ。「愛の人と出会えてよかったな。」と思わせ

続けられるんだ。身の回りの人たちは「愛の人と関われた」ということだけを糧に、生きていけるほどのとんでもない愛情の力をもっているんだ。

・ユーモアセンスがある

生真面目で親切なところがあって気づきにくいんだけれど、面白い人が多いんだ。ユーモアセンスがある。表層が役者の人たちの場合だと、それが分かりやすくでる。一方で将軍や司祭はユーモアを抑圧しやすいので気を付けよう。

みんなに愛されて、みんなに呼び止められる、心の支えになる存在だ。他人のことも家族のように愛せる人だから、愛の人たちと出会えたら人生が豊かになるだろうね。いてくれるだけでありがとうと言いたくなるほど幸せにしてくれる存在だよ。

・気品と継続力がある

身体の動きをゆっくりにするほどいい印象を与えやすい

という特徴があるんだ。表層が将軍の場合はなおさらで、より優雅にゆっくり動く、バタバタしない。これを心がけることが大事だ。

何かしらの物事を継続する力が強い。表層が政治家、騎士、将軍、学者だと、一生やめないくらい物事を続けられてのめり込んだ。愛の人たちは頑固にはなりにくいので、頑固にならないようにすればさらにいいね。

表層が幼子だと、天命が発揮されていればバランスがとれるだろう。

・目的意識をもって頼る

依存で成功できるんだ。甘えることで成功する。

愛を与えることも得意だけれど、受けることも得意だからね。ここは表層が商人や王の人たちと相性がいいところだ。漠然と甘えるのではなく、何のために甘えるのか、この人は何をしてくれるのか、自分はなぜその人にそれをやってもらわなければならないのか、そこを理解して依存すれば力強いものとなる。何ができなくて、何を甘えなければならないのか、甘えることで何を得ようとしているのか理解して甘えるようにしてほしい。

力の強い人のもとにつくといいね。でかい会社の副社長や支社の社長と

いうように、自分も上に立つけれど、その上にも誰かがいるという状態がいい。

表層が戦士の人は上に誰かがいるとモチベーションが上がるから、競争心を刺激しつつ愛の部分を生かせるといいね。

表層が騎士の人は上に誰をつけるかで葛藤するかもしれないけれど、つける人によってはモチベーションが上がるだろう。

表層が幼子の場合は人々に友人として受け入れられやすく、踏み込み上手も相まって、みんなにとって象徴的な愛の存在になれる。そして、飽き症な部分は相殺されるだろう。愛が軽薄ではないので、愛を出せたら欠陥のない人のように見えるいい組み合わせだね。

ただ、愛という一つの執着を追求するわけだから、幼子のドライすぎるところが、最初のうちは天命を発揮するのに足を引っ張るだろう。

・悩まず寛大に

悩みやすく考えすぎやすい。思いを巡らせる癖があるんだ。

そうなっているときは態度が悪くなっていたり、顔が怖くなっていたりするよ。考え込むと人が寄ってこなくなるから、そんなときこそ笑顔をつくるように心がけよう。表層が将軍ならなおさらで、

人に寛容な部分をもたないといけない。人を許せるけれどうまく伝えられないので、そこに気をつけよう。

表層が恋人や戦士も正義の心があるから許すか許さないかを判断しようとするけれど、これが出てしまうと愛が上手く発揮されなくなる。何でも許せるような大きな心をもっているから、意識しよう。そうでないと天命の開花に足を引っ張ることになるよ。

・愛が強すぎて

愛ゆえの、その人を思っての発言で人を傷つけてしまうことがある。愛で人を傷つけてしまうんだ。自分の愛情を向ける先には常に人がいることを意識しないといけないよ。そうでなければ、愛を口実に攻撃してしまうことになる。心をケガさせないようにしよう。

周りの人は、愛の人が言うことは全てが愛なのだと受けとめれば楽になるよ。

恋愛面では愛が重いと感じさせてしまうことがある。よかれと思って、とならないように心がけた方がいいね。

何かを学ぶときも受け入れたり取り込んだりする力が強い。表層が司祭や学者、戦士と似ていて吸収力があるけれど、表層が司祭や将軍だとアウトプットに難があるので気をつけよう。インプットオタクになって、学んだままで終わるともったいないね。外に出すことを意識しよう。

仮に、取り入れるだけ取り入れて表現できないと、腸や肛門の病気にもなりやすくなる。実際に天命が愛の人たちにはその傾向があるんだ。

血圧や胃の病気にも気をつけよう。愛情が深い人ほど、価値観の違いからジャッジしてしまったり、コントロール欲求が出てしまったりするけれど、そうなると愛が上手く出なくなるよ。

・愛の人に関わるときは感謝の気もちで

本人も気づかないくらい当然のように愛情を振りまいていて、いっぱい親切もするから、周りはそれを当たり前にしてしまうんだ。そうすると、愛の人たちの愛が枯渇してしまって、ちょっとしたことで不機嫌になったり、すぐにイラっとしたりするよ。

「何でいつもこの人たちは当たり前にしているのだろう。全然自分のことを見てくれていない！」と感じてしまうんだ。

だから、周りの人たちは愛の人たちに何もしてもらっていなくても、ありがとうと言おう。何か気づいたらありがとう。何もしていなくてもいつもありがとう。何かしてもらったときだけではないようにしよう。「あなたのそういうところが好き。」と褒め言葉より漠然とした愛を伝えるといいね。愛の人たちは愛情に揺らぐんだ。

「酒場」

「人々の集う酒場で社交性を高める」

・すべてをもたらす会話の能力

天命が酒場の人たちの使命は、会話とコミュニケーション。酒場のイメージ通り、人を癒すことができて安らぎを与えられる。そして、口や言葉、会話、コミュニケーションを使い、人との繋がりや何もかもをつくっていくんだ。

だから、最大の能力は会話であると言えるね。しかし、酒場の人ほど会話が苦手だと言っている人が多い。それはある意味その通りで、酒場の人で会話が得意だと言っていたら、天命が開花している状態、つまり、成功しているときだと言える。表層が役者の人は例外だけど、酒場の人たちは成功するまでは会話に苦手意識をもっているみたいだね。

会話が人を喜ばせ、会話がお金を生み、会話が健康をつくり、会話が愛をもたらす。会話が人を呼び、会話が環境をつくり、会話が人を育て、会話が人生を豊かにする。これが酒場という天命のすごさだ。そういう意味で表層が役者であれば、相性が悪くもあり抜群でもあると。悪いというのは、どちらも自分の話す力を心配する気質があるからだ。でも、心配するけれどかみ合っているんだ。

・言葉を武器に

酒場の人たちは、言葉を使うような仕事をしていれば天職になるだろう。人と話さなければいけない仕事や、会話で人とか物を流通させる仕事でお金を稼いでいる人が一番多い。だから、酒場の人は接客業や営業マン、セールスマン、タレントに多くいるね。表層が司祭で天命が酒場の人には噺家が多くて、表現力と話術でバランスをとっているところに魅力があるんだ。表層が役者の人たちもそうだけど、会話に限らずコミュニケーション全般が得意だから、表情を鍛えるといいね。そして、言葉以外でもいろんな形の表現力を見つけよう。メールの文章でも、日記や手紙を書くこと一つでもそう、会話だけでなく、あらゆる表現を疎かにしてはいけないよ。

天命が酒場や手紙の人たちがつまづきがちなのは、情報伝達においてだ。情報伝達が使命というところもあるから、これは意識しておいた方がいい。疎かにするのはもったいないね。

・「ない」より「ある」を見る

鎧の天命と対極にあたる酒場のメンタル力はすごく弱い。しかも、

成功するほどメンタルが弱くなっていくんだ。でも、精神力を鍛えるということよりかは、どれだけ立ち直りを早くするか、どれだけ自分を支えてくれたり愛してくれたりする人と過ごせるかが大切で、そういうところに時間を使っていくといいね。「根性で勝負する」という部分を追求するのは悪いことではないけれど、それは時間の無駄というか、自分をいじめ過ぎなのではないかと思ってしまうね。

メンタルが落ちるのは、人間関係が多いから。だから、メンタルが落ちているときは会話や流通というものから離れてしまう。そうして天命の部分をふさいでしまうんだ。会話は天命を開花させるための使命だから、そこを避けてしまっては負の循環に陥ってしまう。だから、立ち直りの術をもっておくようにしよう。落ち込むのはいいけれど、立ち直りのきっかけはどこかにつくっておこう。落ち込んだときにやる気は出ないけれど、これをすればやる気が出るというものを意識して探すようにしておこう。立ち直る瞬間のやる気は、ださなければでるものではないから、立ち直れそう、やる気が出せそうなものに手を出していくようにしよう。

もし、そうならなくても許せる寛容さを大事にしておくことも必要だ。しかし、立ち直りのために試し続けることはやっていこう。そうすれば、人を選ばず誰からも好かれるようになるんだ。どんな世代、どんな性別、どんな人種からも好かれるよ。表層が司祭だと、よりいろんな世代に魅力的に感じてもらえる。特に上の世代にはね。

・人々が集う

酒場の人たち自身がオアシスというか、みんなが集まる憩いの場になれるから、みんなで集まって、何か楽しいことをしよう。酒場を中心に何かの企画を打ち立てよう。また、それができる天命だから、人脈や人が集まる中枢になれる。ここは、自分の中でもそういう意識をもっておこう。

リーダーシップを取らなければいけないというわけではなく、人を集めたら、集めたところで楽しんでもらおうという意識でいい。飲み会の幹事ではないけれど、そういう引っ張っていく役目ではなく、周囲の人たちが、気づけば楽しみの象徴になっているよねと言うくらいの存在を目指すといいね。社交場のようなところから人脈はできていくものだから、酒場の人から人を紹介してもらおう。「人脈が

厚いよね。」と言ってもらったり、人脈の力を使ったりして大きな成功をしていくのが酒場だ。天命が手紙の人たちも似ているけれど、手紙の人たちは自分から動く。
対して酒場は自分自身のところに人が集まってくると捉えよう。人脈の中枢になれるよ。大きな拠点、プラットホームになれる意識をもつといいね。今、人脈がないなと感じている人はこのことを覚えておいてほしい。まだ酒場の性質が出ていないだけで、その才能があるから、意識して伸ばしていこう。

・メンタルの弱さに打ち勝つために

メンタルの弱い酒場の人たちは、楽観的なところを出せるように心がけよう。楽観的に物事を捉えられるようになればなるほど、メンタルの部分に意識がいかなくなるから、自分の楽観的な部分を伸ばすように心がけるといいね。

表層が司祭の人たちはそれが苦手だろうけれど、楽観視するのは周りを気にする、お客さんを気にする感じ。これがプラスにはたらけば、気を遣えるし、謙虚に振る舞えるし、良い印象を与える閃きがいっぱい思いつく。一方マイナスにはたらけば、どう思われているのかにばかりとらわれてしまい、どんどんどんどんネガティブになっていく要素となるんだ。司祭の人はネガティブに感じやすい性質だから、それをプラスにはたらかせられるようにしよう。一言話すごとに一円、あるいは百円と思うくらいがいいね。それが酒場の力でもあるからね。会話の分だけ富が生み出されるんだ。

・相手を尊重してこその会話

上手に話すことだけが会話ではない。一方的に話すのはダメだ。気を遣った会話が大きな結果をもたらしやすい。エンターテイナーになろう。

表層が騎士だとラッキーだね。メンタルの弱さをうまく補ってくれる。幼子も相性がいいね。心配する部分は少ないよ。

情熱的な会話で相手を置いてけぼりにするくらいかな。だから、幼子のもつ好奇心で伝えるようにすればいい。好奇心と会話を常にセットにすればいいんだ。

政治家は相手の欠点をものすごく嫌な感じで言いやすい。とんでもない欠点みたいに表現できてしまうから、人に嫌われないように自分の表現力に注意しよう。ちょっとした褒め言葉も、言葉一つで魅力的に伝えられるから、政治家は酒場の表現力を活かしていいように伝えるようにしたいね。

緊張が入って、自然ではなく何か結果を残さなくてはというプレッシャーや嫌われるかもしれないという恐怖で足を引っ張られることがあるけれど、そんなときは、内容を言い過ぎるのではなく、ワクワクするところだけを伝えるくらいにしておこう。

・派手なものを身につけよう

アクセサリーやスマホカバーなど、少し目立つようなものや派手なものをつけると、印象がよくなるよ。酒場と目の天命は、運がよく、幸運に恵まれやすい。話術からくる説得力、愛嬌、そして運のよさだけで財を築けるんだ。酒場の成功者たちは世渡り上手と表現されることがあるけれど、そこにはオアシスのような憩いの場となっている才能と、話術、人脈、運の良さが礎になっていたんだね。だからこそ、手っ取り早く成功するためにもコミュニケーション能力が活かせる仕事に就いたり、場にいたりすることがいいんだ。話題を欠かさないことだね。

天命が馬車の人たちと同じで、人を喜ばせようとして話を盛ることがあるけれど、全然話と違うと言って怒られたり、嘘つき呼ばわりされたりするので、盛っていいところだけを盛るように注意しよう。

・会話が使命なだけに口の病に注意

歯や唇、舌など口の病気になりやすい。口の病気になると話さなくて済むからね。メンタル面や人間関係で課題が出たときにそうなりやすいね。血液系や心臓の病気にもなりやすい。

・周囲はケアしてあげよう

周りの人たちは、メンタルが弱い酒場の人たちに、常に温かいフォローをしてあげよう。「大丈夫だよ。」の声掛けをするんだ。酒場の人たちはいつもいつも傷ついていると思うくらいがいいね。

「声がきれいだね。」「話がおもしろい。」など、声質、話の分かりやすさ、会話力、コミュニケーション　能力、をほめてあげよう。酒場の人たちは自分の会話に自信がないから、常日頃からそこに自信をもたせてあげよう。

・おかしな人も集まる

酒場には様々な人が集まるように、天命が酒場の人たちの周り

にも変な人たちが集まりやすい。表層が商人だと、都合のよさを利用されたり、尽くしすぎて騙されたりするので、誰に尽くすかをよく考えよう。

いろんな人が集まるけれど、例え口下手であろうと、自分が饒舌になれるところがあるはずだ。家族や友人など、話がしやすいコミュニティの中から、会話の能力を高めていこう。

「鎧」

「メンタルを守る鎧」

・常軌を逸した精神力

天命が鎧の人たちは本当にすごいメンタルをもっていて、天命の中では一番メンタルが強い。だから、メンタルが弱いと自覚しているときはまだ天命が開花していない状態のときなんだ。

メンタルの強さは、目の前でどんな嫌なことがあっても何も感じないし落ち込まないくらいの強さ。家族が悲惨な目にあっても、浮気をされても、会社がつぶれても…、何をしようがされようが何も感じないでいられるしへこたれない、究極の精神力をもっている。すなわち、この天命が出せていたなら、この世に嫌なことなどなくなってしまう、不幸なんて感じなくなってしまう、くらいなんだ。

・見た目とはちがって…

何をしても傷つかない鎧の人たちだけど、周りからはそう見られていない人が多いんだ。表面的にガチガチの頑固で強そうに見える人は少ない。どちらかというと柔らかい感じで、優しい人や柔軟な印象を抱かれている人がすごく多いよ。でも、その根本には、絶対誰にも揺るがされないような確固たる信念をもっていて、ネガティブなことに対しての不感症さえあるくらいだ。だから、鎧の天命を出せている人たちは、世の中には、生きているだけでいいことと普通のことしかないという感覚をもっている。これが鎧の人たちの最たる魅力と言えるね。表層が政治家だと、より人の気もちが汲み取りにくくなるけれど、それはある意味強みだから、活かしていくといいよ。

・タイミングを計る

鎧の人たちの使命は革命。世界のあたりまえを打ち壊すような革命と変革をもたらす。鎧の人は不動、動じないメンタリティがあるのに、山や岩ではなく鎧という動けるものと言うこともあって凄まじい行動力があるんだ。動くタイミングを見極めるタイプで、見極めると爆発力や動きの速さが凄まじい。行動力やバイタリティ、強靭な不動の心をもち合わせているんだ。

天命の中では馬車に次ぐ行動力をもっていて、とにかく動くんだ。自分の気もちの奴隷にならなければ、やりたくないことでも動けるよ。すごいメンタルと流されない精神感をもっていて、決まったタイミングで、ここぞと

いうタイミングで爆発的な行動力を出すんだ。

火山の噴火のように、あるとき突然莫大なエネルギーを出して巨大な変革を社会にもたらす。

あの人が、そんなにすごい人になったのかと、意外な人物が大出世するということが起きやすい。表層が学者だと、ノリにのっているときに、この爆発力とかけ合わされればさらに伸びていくだろうね。忍耐力が強くて、なりを潜めている。我慢しているように見えるだけだ。こうしてタイミングで動くので、いつでも動けるようにスタンバイしておくといいだろうね。

・揺るがないからこそ

人に影響されることも惑わされることもない精神感をもっている分、めちゃくちゃ頑固なんだ。

逆に言うと鎧の課題は、極端な話頑固さだけでもある。気をつけるのはこれくらいだと言ってもいいくらいウエイトを占めている。そういう意味で、学者の鎧は表層も天命も最たる頑固同士だから気をつけたい。頑固さがあると天命が開花しないからね。同じ点で表層が将軍や騎士の人たちも気をつけよう。忍耐力があるから相性は悪くはないのだけれど、やっぱり最初のうちは頑固さが出てくるから大変だろうね。頑固さが出ている間は天命が発揮されないからね。もし、頑固かな？という人がいれば、その人こそが頑固だから気をつけよう。頑固じゃない人は頑固だと言われても、あっ、そっか！と言えるからね。要注意だよ。頑固さを直すのには、まず頑固だということを受けいれることから始めよう。そうすればゴールは近い。そこが大変なんだけどね。

・野心を出して

実は一番野心的で、成功者に結構多い天命でもある。メンタリティが強い人は、保守的になろうとして自分を保つ傾向があり、行動力に難がある場合が多いのだけれど、鎧の人たちはその根性を土台にして前に進んでいけるので、メンタルを保ちつつ行動に移すという両立ができるんだ。

・精神世界も大切に

堅実な印象とは裏腹に、鎧で成功している人はスピリチュアルなことが好きなんだ。スピリチュアル能力をもっている人も多い。だから、風水に造詣が深かったり、先祖供養を欠か

さない人だったり、お墓参りを必ずする人、教会に通ったり、お寺に行ったりする人、そういった人たちが多い。表層が司祭だととりわけ多いね。どんな形でもいいから、神聖なものと触れ合ったり、スピリチュアルなことをしたり、先祖に祈りをささげて想いを馳せたりすることがすごく合うよ。

・変わらぬ安心感

革命と併せて、世界と時代に流されない安心感を人に与えることも使命の一つとしてもっている。あの人は変わらない、そういう地球に生えた柱みたいなイメージでいられるといい。あの人だけはあの人のままだと思ってもらえるようにしよう。前の時代に則した生き方をしなくてもいいし、新しい時代の生き方をしろとも言わない。鎧の人たちの生き方とは、あなた自身の生き方をするということ。常識に縛られない。昨日までの常識も明日からの常識も関係ない。私の生き方はこうだとみんなに見せて、安心させてあげることができる存在だ。

さて、私の生き方を生きろと言われるのに、頑固にはなるなとも言われる。ここが大変なところで、何かに流される必要はないけれど、自分の生き方が変わっていく分にはいい。私の生き方はこうだ

けど、変えたくなったら今日は変えようでいい。いつもの自分の生き方でなくてもいい。自分でそれを選んだのなら、選ばされているわけではないのでいい。難しいラインだけど、出すのが難しいからこそ、これだけ強い力をもっている。意志も強いし安定感もある。
年を重ねるごとに偏屈なやつだと思われやすくなるから注意しよう。頑固にさえならなければ、表面的にはすごく優しげな人たちばかり。世界を変えていく、世界が変わっていく、だけど自分は変わらない、これこそが鎧だ。

・受け取ってから選ぶ

自分に世界が合わせていくというような革命の起こし方をしよう。どんな困難があっても崩れないし、メンタルが強くなれば困難とも感じなくなるからね。ただ、強い力には頑固さがよぎる、頑固に聞こえてしまうんだ。でも、そんなことはない。そして、自分は信頼してもらえる人間か、人を信頼できているか、人をかたくなに拒絶していないか、常に毎日日々信頼と真心を振り返ることを大切にしよう。

何か意見を取り入れるということは、人に流されているということではない。一度その意見を受け取って、

吟味して捨てるか取っておくか考えよう。これが受け入れるということ。無条件に受け入れて従えということではないし、受け取る前に断れというのもダメ、受け取ってから捨てるかどうか選ぶのが一番いいね。自分が無条件の拒絶をしていないか、人を愛せているかまたは愛されているかを振り返ることが大事だね。頑固な人は厄介者として扱われ始めるから、ここを意識しておけば、そういう振る舞いになっているかどうかはすぐに気づけるよね。

鎧の人たちは頭もいいんだ。冷静になっているときほど特に良さが出る。だから、自分の振る舞いをよく思い返すように習慣づけていれば偏屈な人や厄介者と思われることなく過ごすことができるから大丈夫だよ。

・責任を感じすぎると動けなくなる

鎧の人たちが患いやすいのは腰痛や背中の痛み。これは責任感とか自分がやらなければという意識をしている人がなりやすいんだ。結局メンタルが強いからいろいろ背負えてしまう部分があるのだろうね。案外、鎧の人たちは自分ではメンタルが弱いと言っていても、本当は結構強いのだろうね。メンタルは目に見えないから、人と比べることができない。だから、自分がいろいろなものを背負っていても、それを自覚していないというか、そういうものだと思っているんだ。ただ、人と比べると頑張って生きているかもしれないよ。責任を背負い込めるから、背負い込み過ぎているのかもしれないね。

そういう意味では、戦士の表層とは相性がいいかもしれない。戦士は特殊で、責任を背負えば背負うほどその能力を伸ばしていける唯一無二の特性をもっているんだ。戦士で鎧の人たちはむちゃくちゃ腰痛になるかもしれないけれど、何かを背負うことで成功に生かしていけるよ。まひやしびれ、言語障害にも気をつけよう。あとは、爆発的な行動力が出ると止まれなくなってしまうことから、休息を取ろうとして風邪をこじらせることもある。貧血にも注意だ。

・メンタルの強さに甘えよう

鎧の人たちは情熱をもって夢を語るのが好きなんだ。そこに合わせて、周りの人たちが鎧の人と関わるときは、情に訴えるような伝え方を意識しよう。理屈や知性だと太刀打ちできなくなってしまう、というよりハマらないんだ。情熱や感情に訴える方がおとしやすい。頼ることもすごくいいよ。鎧らしくいたいから、頼ることがいい。特に将軍

の場合は頼られると喜んでもらえる。商人や騎士の場合も頼られて伸びていくタイプだ。甘える相手としては素晴らしく、甘えても背負いなれているし、メンタルも強いからあまりしんどくならない。結構いろんな人に甘えられやすいんだ。キャパシティが広いから、鎧の人とは共通の話題をもっておくといいね。表層が幼子の場合だと、特に話題の振れ幅が広いよ。幼子の飽き症という特性も鎧のおかげでバランスがとれるんだ。

さらに、鎧の人は変わらない、普遍的な性質があるから、自分と同じ考えの人や趣味の人を好む。近くにいると落ち着けて、心地よく過ごせる安定感を好むんだ。そのため、新しい情報や変わった情報よりも、あるあるトークが好きだし、そういう話で落ち着くタイプが多いね。天命が目と鎧の人はプライドが高いから、プライドを傷つけないでおこう。

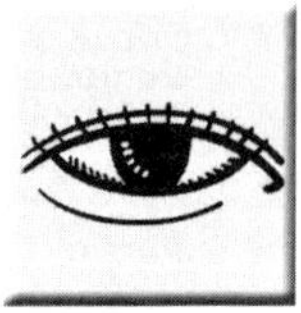

「目」

「左右の目でバランスを」

・視野の広さで世の中を救う

天命が目の使命はおおげさで「視野を生かして、世界で起きるあらゆる難題を解決すること」なんだ。つまりは、問題の解決がテーマだね。

目の人が成功するときは、イノベーションみたいなことを起こすにしても、何か新しいものをもたらそうというよりかは、困難や困っている人たちを楽にする方法はないかと解消法や解決策に軸を置いたときに、革新的なものをつくりだして成功していくんだ。

・見えないものが見える

目の最大の能力は、目に見えないものを見られること。例えば、未来予測や推測、人の気もちを考えたり、心を汲み取ったりすること、スピリチュアルなことも含めて、目に映らない感覚的な世界について感じようとするんだ。トラブルや物事の本質に、なぜこうなっているのかと疑問をもつような、目に映らないものについて考えるという能力があるね。

天命中一番運が強いのも特徴で、幸運に恵まれて上手くいったという人が少なくないんだ。また、目に見えない設計図を組み立てる力もある。芸術もいい。表層が学者だと思慮深くなり、世の中の問題となっているところも見つけられるだろう。

・自分をよくしていく

必要なのは人格を高め続けること。もっと良い人間に、もっと優れた人間になろうとしよう。心を磨いたり、何かを学んだり、自分の本質について知って気をつけようとすることでもいい。より良い人間であり続けられるように試行錯誤していくといいね。

目の人は精神的に進化した人になるために、特に心を磨き続けなくてはならない。自分とは何者か、そういったことを考え続けるようなとても哲学的な人たちなんだ。だから、幼子の表層は、哲学や抽象的なものを考えるとよいので、相性がいいと言えるね。幼子がもともと思想家だから、天命が開花させ始められたときに割と楽になるんだ。

・どちらかに偏りやすい

成功しようとする中で、自分だけ幸せになろうとする人や、他人のことだけを幸せにしようとする人が出てくるんだ。目の人は、自分勝手で利己的なビジネスをしようとするか、ボランティアしかしないような両極端に分かれる。でも、そのどちらに転んでも、百パーセント成功はしない。これは表層や天命に関わらず言えるのだけど、その中でも目は特にそうなる。

いき過ぎやすいタイプでもあるから、いつもバランスを考えておかなければならない。「いいとこどり」「両立」「バランス」こういった言葉を常に頭に思い浮かべるようにしておこう。

本気で人に愛情を示し、自分も豊かであるように心がけることは絶対に意識しておきたい。これも表層や天命に関わらず言えることだけど、目はときにここをブレさせずにいたいね。物を与えてもらったときでも、愛情にごまかされてそのまま受け取るのではなく、この人はどんな努力をしたのか、どんな気もちで頑張ったのか、目に見えないその背景を想像するようにしよう。これは目の人たちがもつ能力の一つだよ。それができたときに愛情も湧いてくるからね。

・思い込みで自分をおとさない

物事の見えない部分を推し量るのが得意。とくに揉め事やトラブルの解決が得意で、根本的な原因は何か、誰がその事態を仕組んだのか、そういったことにいち早く気づくことができるんだ。

ただ、気をつけたいのは決めつけにならないこと。あくまでも推し量っているだけで、実際に見たものではないからね。そういった発想や意見を人に伝えて一緒に考えてもらう分にはいいけれど、自分の判断が正しいと思い込んでしまうのは怖い。

自分の判断を疑う力も大事だよ。人を信じることと自分を疑うことはすごく難しい。だからこそ大事なんだ。逆は簡単にできるのにね。

自分を疑える人は頑固にもならない。自分のこととなると信じる情報が足りなくても信じる。それなら、人の褒め言葉、愛を伝える言葉、そういう言葉も信じるといいだろうね。それなのに、ウラがありそうだとか考えてしまう。褒め言葉や愛の言葉みたいなところは疑わず、すなおに受けとろう。もし、疑うようなら、反対に自分の中でに出てきた、どうせウラがあるんだろうという意見こそ疑うべきだ。なぜウラがあると思ったのか、ウラの思いを込められるようなことをしたのか、そこを振り返りたいね。

ここでもバランスが大事。ほどよく自分も相手も疑い、信じるようにするんだ。でも、意識していても偏ってしまう。自分のことを信じてしまうからね。そこに気付いたときは自分自身を疑うようにしよう。

・心労は成功のサイン

人とか物事のいろいろなところを見て、考えてしまう。

目は開ければ情報が飛び込んでくるものだから仕方がないのだけれど、そのため心に休まるときがこないんだ。目の人は、人から離れていたとしても、別の何かに常に思想を巡らせて考え込んでしまう。つまり、自分の精神と思想に生きて、一生メンタルを浪費しながら生きていく。ここが大変なところで、成功するほど心労が増えることを理解しておこう。

ただ、心労を感じたときが天命の開花し始めている状態だから、心労を感じたら安心するくらいの気もちでいるといい。むしろ、天命が開花している！と喜んでもいいね。だからといって、心労を望んではいけない。疲れないに越したことはないのだから。ここは抑えておこう。リラックスしていても、つい何かを考えてしまい、そうそう休まらないけれど上手くやりくりはできるよ。もし逃げたいと思ったときは逃げても大丈夫、逃げ切らなければね。また戻ればいいんだ。／

だから、一人の時間があるといい。そこで精神を養うことができるんだ。表層が将軍だと特に一人きりでいる時間を大切にするといい。孤立した世界にいる間に叡智を養えるよ。

・態度に気をつける

目の人は見た目に風格があり、柔らかそうに見られることがある。しかし、気位が高く見られたり、品があると見られたりして、偉そうだと言われることもあるから、態度には注意した方がいい。表層が王だと、気位がすごく高くなってしまうし、司祭だと若い頃は偉そうな人に思われやすくなるよ。

また、天命が目の人たちは傲慢さもある。王の場合はネガティブさで自分の考えを否定してしまう癖があるから、より自分の考えに対する評価を厳密にしよう。厳密というのは、色々な要素で見ること。例えば、車を買う場合、車体のデザインだけで決める人はいないはず。運転のしやすさや燃費なども考慮するはずだ。一つのことで比較しないようにすることが厳密にするということ。

ネガティブというのは、比較するところからきていて、世界一自分の判断力に自信をもっている人だから、自分の考えに対する評価には厳密になろう。

他人を甘く見積もって後悔することがある。気位の高さが出ているときは、本質を見る能力があるのに、そもそも見ようとせず、この人は関係ないだろうと、侮りと油断が出てしまう。目の人は相手が誰であろうと相手の尊敬できるところを十個は言えるようにしておこう。人を尊敬できない人や褒められない人は成功者にはなれないからね。変われない人とは、尊敬しない人や批判しかしない人なんだ。悪いところを見つける方が簡単だからね。だから、子どもを尊敬できる人は子育てが上手なんだ。

・完璧などない

目の人たちの大変なところは完璧主義だということだ。これが行動力を奪うこともある。ベストな状態で進みたいと思いがちだけれど、ベストな状態などどこないことを覚えておこう。自分の中の百点など絶対に訪れない。そもそも人間は自分に百点をつけられない生き物なんだ。どこかでもっとよくできると思っているからね。自信がない人ほどそう。だから、もっとよく描けるはずだと言って自分の作品を出せなくなることがある。ただ、この完璧主義って実は自己満足で、百点を取れる自信があると思っているから出てくる気もちなんだ。

人から頼まれたことがどうかをいつも考えている。例えば、お客さんに何かサービスをするときも、それをお客さんが望んでいなくても完璧主義だったら、自分だけが喜ばせられるサービスを求めて、それができるレベルに達するまでしないという状況が出てしまう。これはただ、お客さんからすべてを奪っているのと同じ。一から十の実力があったとき、十になる必要はないんだ。世の中の人は三までしか分からないもので、三でも十でも違いは分からないんだ。目的は多くの人を喜ばせることであって、四や五を見極められる人を喜ばすことが目的ではないはず。誰のための百点なのかはよく考えよう。お客さんが三十点でいいと言えば、待たさずそこでだせばいいんだ。チャンスをつかみ損ねないようにしよう。この意識をよくもっておこう。

・学問との相性がいい

科学、量子力学、哲学、宗教学、考古学…なんでもいい。学問と呼べるものとは相性がいい。だから、目の人はそういうものをかじっておくといいよ。

・言葉遣いが美しく、自分を高め続けるリーダーに

重要なポイントは、自然と人の上に立つ気質があると

いうこと。将軍の表層と似ていて、自分が望まずともリーダーになる。だから、将軍の目は努力の割に出世が早いことがあるんだ。ただ、人格を磨き続けないと、思っていたリーダーとは違うと言われてしまう。出世は早いけど、冠の天命とは違ったリーダータイプだ。

目は、他人に支持されるのが嫌いで態度が大きくなるんだ。だから、上にしとかないと厄介だからという要素もあるし、安心感があって堂々としているという要素もあってリーダーにされやすい。ただでさえ偉そうな第一印象があるから言葉遣いに丸みをもたせたり、優しい印象で話したりするように心がけよう。特に一言目が大事だ。誰かと話すときはなるべく優しくて、愛のある言葉を心がけておかないとすごく悪い人だと思われてしまいかねない。

しかし、目の人はお世辞や愛嬌が苦手。表層が役者だとバランスが取れるのだけど、基本的に苦手だね。嘘やお世辞はバレてしまうものだから、本当に思ったことで褒めるべきだけど、天命が目の人たちはこの嘘やお世辞が下手だから特にバレてしまいやすいんだ。

・やり過ぎる

何でも過剰になる。

働きすぎ、食べすぎ、寝すぎ、休み過ぎ…。何でもやり過ぎる極端さが出てしまうから気をつけよう。

ケンカのときに言い過ぎることや恋愛のときに重たいと言われやすいのもそう。

やり過ぎていないか、過剰になっていないかは気をつけた方がいいね。その過剰さで人を傷つけていないかだけはよく考えて日々過ごすようにしよう。

そういったところからも心臓系のマヒに気をつけよう。心筋梗塞のリスクが高いんだ。

・傷つけないであげて

目の人たちを人前で叱責するようなことはよくない。プライドを傷つけないであげよう。指摘したり、起こったりするときは、少し遠回しの表現で言わないと、ストレートに言ってしまうと落ち込むんだ。

基本的に肯定的に接してあげよう。肯定していれば傷つかないし争いもない、一番安心感をもつことができるんだ。

「馬車」

「サービス過剰な馬車より、新しい未来に進む馬車」

・典型的な成功者

成功者の中でもグイグイ行くタイプが多いので、成功者のイメージをもつ人たちは天命が馬車であることが多い。馬車の使命が時代に切り込むことなので、目立つのもよく分かる。その時代のみんなが見落としているような隙間を見つけて、そこに切り込んで新しい未来をつくっていく、そのようなスピード感があるところに馬車のすごさが現れる。常に未来を向いていて、今の状況化や体験に捉われないんだ。

普通物事を進めるときは、過去の情報をベースに進めたり、現状を鑑みて今から何をしようかと考えて行動に移す。しかし、馬車の人たちは、明日は今日でも昨日でもなく、明日は明日の出来事、明日の状態というものがあるという意識をもっていて、前しか見ていないんだ。これは実際に成功の条件でもあるよ。見るべきポイントは過去や現状がどんな状態にあるかななどは関係ないんだ。

人は常に進化していて、過去に習うということは、失敗した人に習うのと同じなんだ。成功は未来にあって、そこにどう向かうかが大切なんだ。

・究極の夢追い人

前だけを見ている馬車の人たちに、調子の良しあしでモチベーションが上がったり下がったりすることはないんだ。過去に失敗したからといって怯えたりすることもないし、自分のモチベーションや感情、過去や現在からも何の影響も受けない。想い描いた美しい未来だけが推進力になっているんだ。この希望に向かっていく姿勢があるから、スピードが落ちないんだね。困難や苦難が目の前にあっても、それを踏みつぶして進んでいく。未来しか見ていないから、足元の石ころなんて気にならないんだね。

馬車は止まらないし止まれない、バックもしないから後戻りもできない。だから、後悔を感じないこと。感じ始めるときりが無くなってしまうよ。「あのときこうしておけばよかった。」は馬車の人には禁句。そこに目を向けないのが馬車のよさなのだからね。

・未来を見通せるセンスのもち主

未来というものと相性が良くて、先見の目があり、常に周りより一歩先を行っている。今よりも先の時代のセンスで生きているから、独創的だったり、先進的な印象をもたれたりしやすいんだ。一代で成功したり、財を成す人が多いね。

・信頼を失う会話の仕方には注意

会話能力にたけている人も多く、会話や発言で人を喜ばせるということを好むんだ。ただ、サービス精神が悪い方向にはたらいて、喜ばせたいあまりに話を盛ってしまう傾向にある。少しくらいならいいものの、話を盛ることで聞いている人が混乱するようなことまでしてしまうんだ。だから、結果的に嘘つき呼ばわりされることもあるよ。

相手を思っての嘘や盛った表現でも、ただの嘘や大げさになってしまう。そして、そういうところで相手を傷つけたり、信用を失ったりするから注意した方がいい。まだ、表層が恋人だったら正義感があり、嘘が嫌いだからそういうことは少ないんだけど、学者だと調子がいいときは安請け合いもしやすければ話も盛りやすくなる。もち前の気質である思慮深さをベースに考えよう。衝動的に

動かないように行動力が発揮できる場所を常に探り続けて、闇雲に動いたり、流されたりしないように気をつけよう。

騎士とは相性がよくて、堅実さからくる足の重さを補えるし、馬車のメンタルの弱さは騎士の気質で補える。困難を感じる瞬間は少ないだろうね。ただ、政治家もそうだけど、人の気もちが分かりにくい人たちだから、そこは気をつけよう。自分が傷つかないと思っていても、まずそのほぼ骨にとどめる。世界中の誰もが自分よりメンタルが弱いと思って会話するくらいがちょうどいいよ。気もちを理解しようとしなくていい。理解できないものだと思っていていいのだけれど、言うかどうかは考えよう。

役者の場合は、悪口とか否定的な言葉の発言には気をつけること。印象がすごく悪くなる。これは、役者の酒場の人たちにも言えることだね。

とにかく馬車の人は、先走るので連絡事項を伝えるときも、まだよく分かっていないのに噂話みたいに伝えてしまうから、言葉には十分気をつけよう。

・ダラダラ迷わず決断力に長けている

考え込むことはあっても、決断が早くどんなことでも積極的なんだ。だから、周囲からはものすごくアクティブな人とか軽快な人というイメージももたれやすい。

自分で発想したビジネスを始めたり、自分でやりたいと思った仕事に就いたりする方が成果が出やすいよ。馬車はやらされている感があると良さが出なくなってしまうんだ。跡継ぎを嫌がる傾向があるのだけれど、それもやらされている感が出てしまうからなんだ。こんな状態のとき、本当に良さが出にくくなるね。

・正義感が強いがゆえに

サービス精神の旺盛さと相まって、周りにすごく親切な振る舞いができる。そこで評価されるくらいにね。しかし、表層が恋人だと厄介なんだ。恋人は正義感が強いので、馬車の正義感と重なって、働き過ぎたり、社会的正義とかを好ましく思い過ぎたりしてしまうんだ。

ものとか人を見る目があって、あまりだまされない。よく吟味ができるからね。だから、人を育てる才能があるんだ。教育者や、面白い発想ができるから自分でイメージしたビジネスを始めるのもいいね。ただ、人の気もちを推し量るのは苦手だということも知っておこう。

以上からも分かるように、すごく強い人間だという印象を与える。ただ、全然そういうわけではないんだ。弱さをもっているけれど見せないだけ。表面的な勢いと力強さに対してメンタルは普通の人なんだ。天命が鎧の人と同じような感覚で付き合ったら、馬車の人はすごく傷ついてしまうから気をつけた方がいいね。見た目より弱いよ。

・短い時間で見積もる

自分の想定しているよりも早い段階で成功しようというイメージをもった方がいいよ。実際に早く成功している人も多いんだ。三年後に成功できたらいいなと考えるなら、一年半くらいに見積もりを変えよう。自分の感覚より絞った感覚をもつ方が馬車のテンポ感が出やすくなるんだ。早く落ち着こうともするから、リタイア後のイメージも早目からしておくのもいいよ。

・「はい！できるか考えます。」

馬車が一番気をつけないといけないのは、勢いで安請け合いをしたり、できないことでも「やります！」や「動きます！」と言ったりすること。サービス精神で返事をして、悪意はないのだけれど、人をがっかりさせたり、ここでも嘘つきになってしまったりするんだ。嘘をつこうとしていないのに

「できませんでした。」や言い訳をして信用を失うんだ。だから、安請け合いには本当に気をつけよう。「はい！」という第一声はとてもいいので、二番目の言葉は「できるか考えます。」や「できるか試してみます。」というようにしよう。

・口が災いを呼ぶので封印してしまう

馬車の人たちがかかりやすい病気は、神経系の病気やヒステリック、ノイローゼ。肺やのど、声帯といった声を発するための部分にトラブルも起きやすい。馬車にとっての会話は、酒場のもつ会話の能力とは違って、直接お金に繋がるわけではないんだ。その割に、悪い印象は伝わりやすい。全く悪気がなくても嘘つきだと言われたり、自分の言ったことが人伝えに曲解されて全く違う形で伝わったりする。そのせいで悪い評価を得てしまい、何でこうなるのだろうと普段の頑張りの割に後悔するようなことだったり、批判を受けたり、言動で苦労することが多く起きるんだ。だから話さないでいい理由をつくるために、肺やのど、声帯を弱めるんだ。メンタルが強いわけではないので会話疲れもする。だから、誰か代わりに言ってくれたり、「そう

いうわけで言ったんじゃない。」とフォローしたりしてくれる人がそばにいるといいね。

また、限界を認めることが大切だよ。無理をすると、足を悪くしてしまうんだ。
例えば、約束の時間に五分遅れてしまうとき、十分遅れると言えば、待っている人は思ったより早かったなと思い、最終的な評価を落としにくくなるものなのだけれど、馬車の人は逆を言ってしまうんだ。あと五分で着くのに三分と言ってしまうんだ。これでは逆効果だよね。心理学のテクニックとしてもあるのだけれど、
多めに見積もって伝えることは、相手の印象を下げにくくするんだ。

だから、馬車の人は実力を伴った言動を心がけること。できないを認める。限界を認める。その方が結果的に得をする。上手く動けていないときや踏み出せない感覚があるときに、行動力を意味する足を悪くするんだ。できないということを言ってもいいし、弱さを認めてもいい。馬車の人にとってこれは大事な課題だよ。

・そのがんばりを認めてあげよう

馬車の人との付き合い方は認めたり承認したりしてあげること。すごいねって言ってあげるようにしよう。馬車の人には漠然と褒めるようにしよう。具体的に褒めてもらうことは回りくどく感じて

好まないんだ。「今日の服の色は肌に合っていてかわいいね。」と言われるよりも「その服かわいい！」と言われる方が嬉しいんだ。

そして、馬車の人が言う言葉の受け止め方は解釈を変えよう。悪気なくひどいことを言ってしまう部分があって、決して誰かを傷つけようとしているわけではないと思うこと。何か理由があって言ってるのだろうなあと受けとめて、すてきな言葉だったら全部信じて、イヤな言葉だったら全部嘘だというくらいのスタンスで付き合おう。その方が上手く付き合えるよ。

「鏡」
すてきな存在になりうる鏡」

・シンボル的存在として

天命の中でも特殊な立ち位置をもつ鏡の人たち、周りの人たちは鏡の人の姿を見て、誠実さや正義といったそういう心を思い出せるんだ。鏡の人にはそういう役割があり、そのくらいすてきな存在、みんなにとっての象徴的なものとしていてくれるんだ。これは、鏡の人自身が誠実で正義感が強いからだね。

・聖人のように

鏡の人の特筆すべきところは柔軟性の高さ。鏡というだけあって、映すものによってその姿、そのデザインを変えていけるんだ。シチュエーションによって姿を変えられるんだ。知識を蓄えるのが上手くて、知識がすごく豊富になっていく。そういったところも魅力的。

こういう気質があるから、シンボルになる使命に合わせて、知識や優しさというのをもって、いろいろな人たちに勇気を与えたり、アドバイスをしたり、支えたりすることを意識するといいね。マザーテレサのような、カウンセラーでは安っぽく聞こえるような、人を支え、なぐさめ、そしてあんな風に生きようと思われる尊い存在になる。

・巻き込まれないように要注意

アドバイスや支えてあげること以外にも、交渉や仲裁というのもできる。そんなすばらしさがある一方で、犯罪やトラブルに最も巻き込まれやすいんだ。これは統計を取っても、事故や犯罪に巻き込まれて被害を被る数は鏡の人たちが最も多いんだ。詐欺にも事故に遭いやすいから、あらゆるトラブルは他人事ではないと思っておこう。

親切でもあるから、そういった気質や誠実さなどをなくさないようにしよう。真逆のことをしなければいい。頑固になっていないか、何かに執着してねっとりしていないか、そういったところに注意して、いつも明るく陽気でさっぱりしていられるように意識しておけば生きやすくなるよ。

・純粋ですなお

聞く姿勢もよくて、知識が豊富なのは、それだけ受け入れ上手だからなんだ。インプットが上手く、なんでも受け入れようとするし、よく聞いてもあげられる。ただ、正義感があるので、正しいとは何かにこだわり過ぎるところもある。だから、少し考えが違っているとジャッジをしようとするんだ。

せっかくすなおでいろいろなものを受け入れる力があるのに、自分が信じたものしか信じられなくなる傾向がある。特に、最初に何かを信じてしまうと、そこから一気にね。同じすなおでも、そういう方向にすなおになってしまうとすごく面倒臭くなってしまうんだ。狂信的な過激さが生まれてしまい、頑固になるよ。これではすなおさが台無しになるので、常に情報は変わっていくものだと捉えられるようにしておこう。

興味関心をもてる面白い人や革新的な人は、結構意見がコロコロと変わりやすい。一貫性がないように見えるけれど、こだわり過ぎると、面白い発想や新しい展開が生まれなくなるから常に柔軟でいるのだろうね。鏡の人もそういった柔軟性をフル活用してほしい。自分が信じられるものを見つけようとするところには一貫性があるわけだから、まったく一貫性がない人間にはならない。模索しているだけだと捉えよう。

・忍耐力に課題がある

鏡の人は親切心がすごく強い。やっぱりいい人なんだ。天命が愛、酒場、手紙の人たちと並んで、人として関わりやすいのが鏡の人。でも、変化していく柔軟性を備えている分、忍耐力には欠けてしまう。我慢が苦手でストレスを抱えやすい。これについては自分でも実感している人が多いだろう。一つのことにこだわらないよさっていうのはあるけれど、もうちょっと突き詰めてほしいというところがある。しかし、それができない人もいるのではないだろうか。

・成功者気質だけど

興味があることに飛び込むという行動力が備わっているから、これまでのことと併せてみても成功者気質であると言える。ただ、正義の味方であるところやジャッジしようとする欲求が出るところは残念な部分でもある。そして、いい気質があるのに、致命的なほどにまで野心がないんだ。天命の中でもこれは一番。

表層が戦士だと、より野心がなく、何も欲しないという人も少なくないだろうね。

・**親切さを伝えて**

無欲で勤勉、親切心のある鏡の人は、優しさや誠実さであるのに、淡白だと見られることもあるんだ。ここは気をつけた方がいい。柔軟性があって切り替わりが早いうえ、執着心がなくてべったりしていないから少しドライで淡白に見られてしまうんだ。話を聞いているし、むしろ聞き上手なのに、相手は話を聞いているのか分からなくなってしまうこともあるんだ。気質はいいし、明るく陽気で優しい、人のことをよく見るタイプが多いから、自分のよさをつぶさないように気をつけて。鏡の人はあなたのことを見ているしよく聞いているよと、伝わるような何かをしてあげるように心がければ、周りは安心するかもしれないね。親切心ゆえ、罪悪感を抱きやすいのも注意してね。

・**得たものは出す**

耳、鼻、のどといった耳鼻咽頭系にすごく問題が起きやすい。それと肛門や腸と言った消化器官系にも少し問題が起きやすい。これは、受け入れ上手だけど、出すのが苦手という気質が影響している。インプットは上手いけど、放出できない。アウトプうとできないということが起因して、肛門や腸にトラブルが起きるんだね。

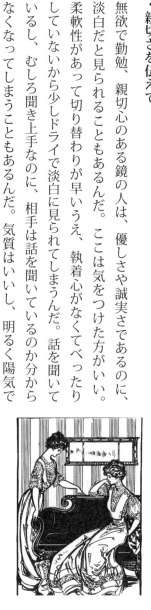

鏡の人は勉強家で知識をすごく探求するし、人のために何か尽くそうとすることも大いにあるのだけれど、そういうときに生活が雑になりやすいので気をつけよう。食事を適当に済ませたり、睡眠を疎かにしたり、寝不足になったり、徹夜をしたり、そうやっていろいろな方面でクオリティをグッと下げてしまうんだ。鏡の人ほど食事や睡眠という生き物としての生活が大事になる人たちもいない。ここを疎かにすると、鏡の人は全部だめになってしまうから、たっぷり食べた方がいいし、たっぷり寝た方がいいね。

・勘違いをしないでおこう

鏡の人たちと関わる際は、ドライに見えるけれど、実際はそんなにドライではないということを心にとめておこう。

また、鏡の人は話がいったりきたりすると混乱しやすい。簡潔で単純な話を好むんだ。だから、ものごとを順序立てて話してあげるように意識しよう。相談事にのったり、セッションをしたりするのであれば、温かい言葉がけをしてあげるといいね。結構不安になりやすい部分があるし、罪悪感を感じやすいので、ここも意識しよう。

「冠」
「屈指のリーダーが身につける冠」

・破壊と創造

天命が冠の人たちの使命は、最も強力なリーダーであること。そして、もう一つ大きな使命として、あらゆる困難やトラブル、さらには今ある既成概念さえも打ち砕き、新たなチャンスを創り出すことがある。つまり、そういうことができるということだね。とてもパワフルな天命で、大いなるリーダーというイメージが強いんだ。

他の天命がチャンスをつかもうとしていくことでも、冠なら自らチャンスを創り出すことができる。チャンスを探し出すのではないんだ。それこそ、イノベーターのような人が多く、今あるものに乗っかるというよりかは、流れそのものの起点になるような人たちなんだ。

あまり困難に立ち止まることもなく、打ち砕いていく。これは天命が馬車の人と同じく得意なことなんだ。そして、その気質から、

冠の人は諦めない人が多い。天命にたどり着いているときだと、何も諦めない状態にある。そこは天命が鎧の人たちに匹敵するような粘り強さ、やり通す力を見せるよ。初志貫徹というか、最初に決めたことは曲げないいんだ。結果的に譲らない感覚が状況を破壊していくんだね。

・三つの優れた力と気をつけたい頑なさ

前述した力を発揮していくと、自然に決断力が出てくる。それに併せて実行力や諦めない忍耐力というのも出てくるだろうね。この決断力、実行力、忍耐力が備わっているリーダーこそいいリーダーと言えるだろう。そう考えると、最高のリーダーと言われるのもよく分かる。

ただ、ここに頑固さが出てきてしまうと、三つの力は一転して、強引、傲慢、自己中心的に成り代わってしまう。これではリーダー像として真逆になってしまう。すてきな王様ではなく、独裁者みたいになるんだ。だから、自分がどんな王様になっているのか、いつも問いかけないといけない。独裁的な意地悪な王様なのか、みんなに慕われるすてきな王様なのか、それを自分に聞いて、自分自身を改めていくといい。そういう機会をつくらないと、冠のもつ性質が出たときに大きなつまづきポイントになりうるよ。

・ピンチのときでも感情に飲み込まれないこと

冠の人は、その性質からも変換期やピンチの時期、土台が整っていないときや追い込まれたときなどに陥れば陥るほど、能力を増していく。ゆとりがあるときよりもきついときの方が強いんだ。だから、まずい状況のときほどチャンスだと思うようにするべきだ。「今こそ自分のピークだ。」「力が一番発揮できる。」という意気込みをもとう。

だからといって、こういった状況を望まないようにしよう。「私はピンチに強い。」というような意識があると、無意識にピンチを望んでしまう。そうすれば、本当にピンチがやってきてしまうんだ。やっぱり安定しているに越したことはないからね。ピンチがきても大丈夫という安心感をもつ程度にしよう。

天命を発揮できているときは頑固にはならない。

つまり、天命を開花させるためには頑固さは無くさないといけない。強引にならないこと、傲慢にならないことを心がけるようにしよう。そうすれば、基本的に心も広いし、人を包み込む包容力もあるいいリーダーになるんだ。

すごく負けず嫌いなところがある。これは悪いところではなく、魅力的な部分でもある。ただ、感情的になっているときに崩壊する

ようなことをしてしまうのが冠の人なんだ。これまでを振り返っても、感情的になって上手くいったことはなかったのではないだろうか。それこそ、表層が学者だと、その後悔もすごく大きなものだったはず。学者は感情にのまれるとよくないからね。

冠の人は、感情にのまれたときこそ、自分の姿を見つめられるように癖づけなければいけない。

特に、負けず嫌いのところで感情が揺さぶられやすい。大きな立ち位置で上から見通せる視野の広さをもっておこう。

・その上から目線ではない

上から目線になる人のほとんどは、自分の立場を守るために必死になり、自分を立派に見せて生き残ろうとしているんだ。

そして、そうしてつくり出した上から目線をつかって、自分は相手よりも上の人間だと思い込ませようとしたり、がんばっていると見せようとしたりする。

しかし、それでは人から好かれるとは言えない。

一方、本人は無意識にがんばっているのに、余裕をもって

いるような状態の上から目線というのは、実際に嫌味でもないし、そこにすごく大きな包容力が生まれる。達観したというか高い位置から見守っているような感覚だ。そういう本当の意味での上から目線、いい意味で上から見守っているような雰囲気を気質としてもっているのが冠の人なんだ。だから、指導力にもすごく優れていいいるんだ。

・人を育てる才能

冠の人はすごくいい教育者になれるだろう。ただ、そういう指導者の立場になったときでも、深い愛を忘れないようにしなければいけない。教育において大事なのは圧倒的な心の広さだからね。

どこまでを許せるか、どこまでを自分のキャパシティと言えるのかが重要だ。教育にはイレギュラーなことや知らないこと、予想外なことばかり起きる。特に小さい子どもとたちと向き合うときは、自分とはまるで別の生き物のように感じるからね。どんなときでも教育を続けるなら、自分がいろんなことを知っているというキャパシティだけでなく、自分はいろんなことを知らない人間だということもよく理解しているというキャパシティも必要だ。

そういった本当の意味での心の広さが大事で、それをもっているのが冠の人なんだ。

・大きな、大きな人たち

大人物といえるようないいリーダー。

超がつくほど大器晩成になりやすく、四十代ぐらいからじわじわと成果を上げていく人が多い。

それまでに成功することもあるけれど、他の天命と比べると圧倒的に少ないんだ。

天命が冠の大スターを見てみると、還暦ぐらいにピークを迎える人が多く、還暦ぐらいからビジネスを始めて成功する人もいる。だから、早いところ成功してもいいけれど、焦らなくても大丈夫。

・どこに答えがあるか分からない

あらゆる人からアドバイスをもらうように意識しなければならない。

「神は意外なものの口を借りてその言葉を発する」というふうに成功者は考える。つまり、どんな人たちからも選り好みせずアドバイスをもらおうとするんだ。

答えはいつも意外な人がくれる。それは、自分のビジネスとは全く

関係のない人だったり、小さな子どもだったり、誰がアドバイスをくれるか分からないから、できる人というのは、どんな人にも真剣に相談できるんだ。この人に相談してもしょうがない、などとは思わない。誰もが自分の知らないことを一つは知っている。誰もが自分より優れている。これは覆しがたい事実で、必ず一点は優れたところがある。

これを冠の人が理解できれば、いい王様になれるだろう。

今こんなことをしようかなと考えている人たちは、それについて誰かにアドバイスをもらうといいだろう。でも、ふと考えてしまうんだ。誰にアドバイスをもらえばいいんだろうと。それなら、今いる知り合い全員に聞こうとするくらいがいい。冠の人は条件を選ばず、与えられたもの全てに同じような期待をしてしまえる心の広さをもっているからね。

・**自分よりも上に人を立てる**

冠の人は、頑固さが失敗に繋がることを覚えておかなければならない。これは天命が開花してからも大きな課題となる。そこで、冠の人は生涯その頑固さを打ち砕いてくれるような指導者を見つけて付き合うといいね。これは冠の人にとっていいことなんだ。冠の人は、そういう指導者がいる間は調子がいいんだ。逆にそういう人がいなくなると、独走して独裁者になっていきやすい。自分よりちょっと強い人が一人、自分より上にいるといい。表層が騎士の人はそういう生き方が合っているよ。

冠の人はリーダーになってしまうような形になるから、自分の頑固さを打ち砕いてくれる上の人がいなくなりやすい。しかも、そういう人を立てることが好きなタイプではないんだ。表層が将軍だと、人に言われるのも大嫌いだから気をつけよう。何か言われるのが大嫌いだから自分で何かやろうとする。でも、結局そういう感覚にそって生きようとしているのが間違いであるかもしれないから、嫌かもしれないが一人、そういう圧倒的な人物がいるといい。

・腐らない

病気に関しては腐敗に気をつけること。壊死だとか、歯肉炎だとか、腐敗に関連する病気になりやすい。精神的に腐るという意味合いでも、心の病気も同じ。精神的な部分もあるから、痛風とかその辺りに気をつけるといいね。

・いずれ偉大になる日を信じて…

周りの人たちは、大らかな姿勢で冠の人たちと付き合わなければいけない。基本的に頑固で、振り回しやすい上、上から目線の気質が悪い方に出ている場合もある。必死に上から目線を出してしまっている人がいれば、まずそれを周りは許容して受け入れてあげるようにしよう。

この人は大きい人でいろんな才能があるけど、なんかまだ模索中なんだろうなという気もちで見てあげよう。そういう意味でも大器晩成なんだ。そのすごさが分かってきたら、いろんな人が大人物としてその所作を認めてくれるのだけれど、そうではないときは何様だよと一番言われやすいんだ。すごい人だからこそもったいない。周りの人はもっとこの人には何かがあるんだと期待していい。期待して許してあげよう。

「手紙」

「成功へ運んで行ってもらってこその手紙」

・究極のセールスマン

天命が手紙の人の使命は、ものと人を結びつけるだけに限らず、人と人を繋げてあげたり、ものと人を繋げたりしてあげる、あらゆる意味での仲介人のような役割を担うこと。人から拒絶されにくい性質をもっていて、がんばらなくても相手に取り入ることができるんだ。誰かが会いませんかと言ってきたときに、普通なら断ることができるけど、その誰かが鏡の人だったら断ることは選ばないくらいに受け入れられやすいんだ。

実際の手紙も、受け取ったら中身を見て目を通してしまうよね、まさにそれと同じ感覚で、気づいたらいつの間にか懐にいて、話を聞いてしまうんだ。

そんなすばらしい才能を手紙の人たちはもっている。

これが天命が開花しているときの手紙の力なんだ。

・結びつける

繋がりの力を生かせるようなことを仕事にしたり、ライフワークにしたりすることが成功の秘訣なんだ。人と人とを繋げる何かの仲人であったり、紹介する人であったり、セールスマンというのもいいいね。また、ものを結びつけて広げていくことにも才覚があるから、プロモーターといった仕事にも応用できそうだね。

人の関わることがとても合うので、調和や協調を意識するといい。その場を調和させ、人と人とを協調させるような、円滑に人々がコミュニケーションをはかれるような動きをとれるんだ。

・ライバルが必須

戦士の表層と少し似ているところがあって、ライバルや競争相手みたいなものを設定しておくと、天命の能力を伸ばしていくことができるという性質がある。ライバルを置いた方がやる気が出るんだ。

誰もが抵抗感を抱いて嫌だなと感じさせる人を、手紙の人たちから探し出すのは大変なのではないかというくらい、誰にでも好かれて、いつの間にか手紙の人の話に耳を傾けているということが多い。

そんな手紙の人はライバルを設定しておくことが大事で、その存在によってさらに自分のよさが引き出されるんだ。

・手紙は自分から手元にはいかない

手紙の人にとって重要なことは、依存することにある。流れに逆らわず、流れるままに動くのがいい。自分で何とかしてやろうというのではなく、正しいところに導かれるようにすればいい。

そもそも、手紙というのは自分でどこかに行くことはなく、宛先が書かれていて、そこに導かれるままに行くもの。だから、それと同じ感覚でいればいいんだ。自分を過信して判断したり、行動しようとしたりすると、大きく脚元を救われてしまうから気をつけよう。逆に「これはどうすればいいんだろうか。」と人に頼り過ぎるくらいがちょうどいいんだ。私はどこに運ばれていけばいいのかと尋ねるくらいの気もちでいよう。

手紙の価値が出るのは人の手に渡ってからだ。そこに行くまでの間は、自分自身をうまく人に委ねることが大事。その感覚を大事にしないと、変に頭を使ってしまい、自己判断で失敗してしまったり、余計なことをしてしまったりすることになりかねないんだ。

人の力で成功する、人に成功させてもらうという感覚をもとう。例えば、セールスにおける買い手の存在がそれで、成功に結び付けてくれる人や導いてくれる人、周りにいる人たちの力で成功できるし、そう思っていていいんだ。自分自身の力で成功するものではないんだ。「任せるよ。」っていうくらいの気もちの方がいい。手紙の天命の人はあまりがんばらないでいいんだ。

・「ほうれんそう」が最も大事

自力でやろうとする手紙の人ほどつまづきやすいポイントが、報告・連絡・相談を怠ることなんだ。これが一番危険なことで、手紙の人の苦手なところでもある。人とのコミュニケーションが疎かになったときに失敗する。そのタイミングがだいたい誰にも相談せずに自分でやってしまおうとしたときか、人を信用できなかったとき、あるいは、このぐらい大丈夫だろうと言って相談しなかったときなんだ。ほかにもいろいろあると思うけれど、報告・連絡・相談を怠ったときに、思ったよりも痛手を被ってしまうんだ。

本来手紙の人はコミュニケーションが得意で、何かを伝達するというのは天命の名前の通りだから、そこは気をつけた方がいいね。

さらに、悩み事を一人で抱え込んでしまうのも同じなんだ。そういった相談も苦手になりかねない。一人であまり抱え込まず、まめに人に軽くグチっておくようにしておかなければ、どんどん自分の中で肥大化してしまいやすいよ。将軍の表層の人もそういうところがあるので、将軍の手紙の人はなおさら気をつけよう。つい、人に連絡したり、関わったりするのが疎かになりやすいよ。

・宛先がなければ届かない

馬車の天命と同じで、道筋を決めておかなければならない。要は宛先のない手紙になってしまうということだ。そうなると、どこにも進めないで、送り先不明で返ってきてしまう。自分のビジョンや夢と呼べるようなものを常に頭の中に想い描くようにしなければならない。そうでないと動きが滞ってしまう。いつ、どんなものをどのくらい手に入れたいのか、具体的に想い描くようにしよう。そういうビジョンの具体化をすることで、実現に向けてのスピード感が増していくようになるよ。

・文才と説得力に長ける

非常に社交的で、酒場の天命に匹敵するくらいコミュニケーションの上手さがある。その中でも文章で伝えることがすごく上手くて、

面と向かって話すよりもずっと上手いんだ。SNSが多用されている今の時代にはちょうどいいよね。話し上手で、特に説得が上手い。誰かを納得させたり、商談であるとか販売における話術やセールスなどで、言葉巧みになるんだ。それでいて、人に受け入れられる気質があって悪意があまりないんだ。詐欺師みたいな人はいないし、嫌な思いをさせる人もいない。だから、相手もあの人に会うと売りつけられるという印象をもたないんだ。それどころか、何かを買うときには相談しようかなと思われる人になるだろうね。それが手紙の人のいいところだ。

どちらかというと、酒場の天命は受け身でもいいのだけれど、手紙の場合は、人がいる場所に自分から行く方がいいね。手紙というのは世界中どこにでも送れる。それと同じで、誰かが、世界のどこにいても、そこに行ってお話をするのも売りに行くのも、誰かを紹介することもできるんだ。広い範囲で動けるというスタンスが大事になるね。

切り替えも早くて、怒られて傷つくようなことがあっても、それはそれ、これはこれとわりきって物事を考えることができるのもいいところだよ。

・病気も伝える

かかりやすい病気は伝染病。風邪や腸、呼吸器系、神経系の病気に気をつけよう。

・応援団になってもらおう。応援団になってあげよう。

天命が手紙の人と関わる際は、特別扱いをしてもらうことには期待しないでおこう。表層が恋人の人と同じで平等に物事を見るから、そこを意識しておくといいね。恋人の手紙や旅人の手紙の人は特に誰とでも同じように関りをもつよ。

言いにくいことがあれば、それは手紙の人に相談をしよう。手紙の人は人間関係のモチベーションを上げてくれたり、いい答えを与えたりしてくれる。そして、相談することで、何より手紙の人本人が喜ぶんだ。

ビジネスにおいては人脈づくりをするときに活かそう。手紙の人と一緒に人脈づくりをしていくイメージがいいね。

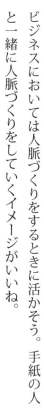

手紙の人には応援するような言葉、背中を押すような言葉をかけるといいよ。「がんばってね」「うまくできるよ」「あなたなら大丈夫」こういう声掛けがいい。

手紙の人は、非常識な人を好まないんだ。感情的過ぎず、理性的で常識にしっかり収まったような接し方に好意をもつ。だから、仲が深まるまでは特にそういうことを意識して関わるといいだろうね。

「蝋燭」

「燃えすぎず、小さくなりすぎず、未来を灯す蝋燭であれ」

・独自のセンスで未来をつくる

蝋燭の天命をもつ人の使命は、新しいものをつくりあげていくこと。これは、馬車や鎧の天命とイメージが近い。ただ、進化のタイミングのその隙間を狙って切り込む馬車や、今まであった過去の既成概念や常識を壊し未来を生み出す鎧とは違い、それらに関係なく独自の基準、直感、センスで全く新しいものをつくっていくんだ。すごくハイセンスで、独創性にあふれているのが、蝋燭を天命にもつ人の特徴だよ。

・極端な二面性

蝋燭とは燃え盛る炎であると同時に、焚火や暖炉と違って、小さく燃える落ち着いた光でもある。そういう大きな情熱と小さな輝き、落ち着いた光というような冷静さを併せもっている。この情熱と冷静さという二つの極端な性質が備わっているのが珍しいところなんだ。

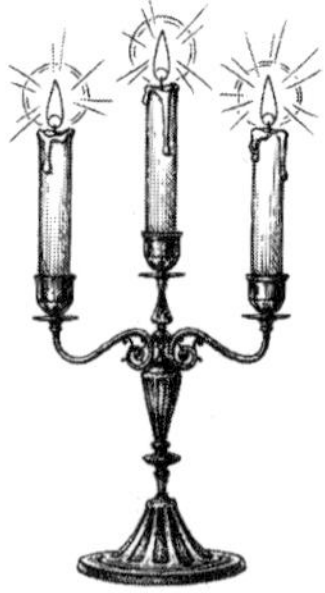

・灯のように不安定でいい

蝋燭の人は天命が出せれば出せるほど、どんどん情緒不安定になっていく特徴がある。成功するほど感情の起伏が激しくなるんだ。調子がいいときは調子に乗り過ぎてしまうほど動き回って活躍し、落ち着くときは誰にも姿が見えないほど静かに落ち着く、そういう感じだね。いい方に出ればすごい力を発揮するんだ。

結局二面性があるから、ものすごくアクティブに表面へ躍り出ていくときと、クールに全体像を見渡す時期がある。そこをコントロールできるといいね。

・起伏の位置を上げる

蝋燭の人の浮き沈みは、百からマイナス百を行ったり来たりするしんどい感覚があるのだけれど、それをだんだんゼロから百に、百から二百へと、もっといい位置で動く幅に変えていくことを目的にするといい。

蝋燭の人は、落ち込むたびに、立ち直るたびに、今天命を生きているんだなと思えばいいんだ。落ち込むたびに成功できていると再確認できる。落ち込んでいて嬉しいことがある

なんてそんなにないことだけど、蝋燭はそう感じられるからすてきだよね。

大事にしたいのは、しんどいからこそ自分の位置を確認していくこと。落ち込まない人などいないし、怒るし、泣くし、腹を立てる。でも、そういうときでも止まらないのが成功者になる人たちなんだ。成功する人は、自分をしっかりなぐさめ終わっていい気分になるには、再び歩きだすことが必要だと思っている。なぐさめ終わるのを待たないんだ。落ち込んでいてもそいつをひきずって、結局進む。

落ち込んだっていいし、怖がったっていい、悩みがあったっていい、ただ絶対に止まらないようにはすること。
もちろん、落ち込んでマイナス面だけを出して終わることもある。だから、なるべくいい方向に出せるようコントロールできるようになろう。

・灯の強さをコントロールする

自分の中で具体的に意識し、イメージできることが大切。今日は蠟燭を燃やしていこう、今この瞬間は蝋燭の灯を小さくしよう、そういうイメージをもちながら生きられるとすごく楽しく過ごせるよ。

例えば、表層が戦士だと、負けず嫌いが出た場合、燃える方によりやすいので、そういったところにも気を配ろう。

燃えすぎると早く消えてしまうし、灯が小さすぎてもすぐ消える、非常にコントロールは難しい。だから、いつも自分自身を見失ってしまうようなところに生きうる人がいれば、誰かに問いかける方がいい。自分一人で考えずに、人に頼ることが大事。

・意味を求める

蝋燭の天命には、意味が必要だという課題がある。これは表層が政治家である人たちと似ていて、あらゆることに意味を求めてしまうんだ。意味がないと何もできなくて、意味があれば何でもできる。コレのために頑張るというような意味を見出せたら、おそらく浮き沈みもなくうまくコントロールできるだろうね。

いろんなことに意味を追求するのは本当に大事なこと。だから、自分の成功したいことについて、なぜそうなのかとか、そうなりたいのかというのを常に意識し続けた方がいい。逆に言うと、意味のないことに

対する愛情を磨かなければいけない。無意味なことに対する意味を突き詰めたとき、さらに成功に近づいていけるだろうね。無意味さを感じるなら、その都度その都度、適当な生きる意味を見出せばいい。今日はお金を稼ぐことにしよう、今日は子どもを育てることにしよう。そうやって生きる意味を据えていくんだ。

意味というのは実は知るのが怖いものなんだ。我々が求めている意味というのは、いつも知る努力に対して見合っているものではないからね。蝋燭の人は頭がいいから、意味を求めることに意味はないと気付けるといいね。そこに気付けずに立ち止まってしまうと、本当に悪い方向に沈み込んでしまうかもしれないよ。

・独りよがりにならない

蠟燭の天命のもう一つの課題は、団体行動が苦手ということ。そこにも意味を考えてしまうんだ。この人に聞いて意味があるのだろうかと、相談するときには、まず最初にそれがくるだろうね。でも、それが自分の身を亡ぼすようなきっかけになるかもしれないから、人に頼るときだけは意味を考えずにいるよう意識すること。

・結局、二面性が魅力

二面性があることはとても興味深くて、人情味と温かさがあり、会話ができて集中力があるという一面と、冷静でクール、客観的に物事を見られる一面がある。この両方をもっているんだ。ただ、欠点になるのが本当にしんどそうに見えることと、人と関わることにまで意味を求めること。そこさえうまくコントロールできれば、先見の目があり、新しい分野の開拓や閃き、直感力が発揮されて、ハイセンスなすばらしさが際立つだろうね。

・スイッチのオンオフを上手に

蝋燭の人は目や脳を患いやすい。そして、依存症にもなりやすい。過剰になりやすいのは目の天命と少し似ていて、バランス感覚を求めて身につけるようにしよう。自分で使い分けられたらいいよね。

・上に引き上げてあげよう

「意味あるの、それ?」と聞いてきたとき、周りの人は意味を投げかけてあげるといい。特に、落ち込んでいるときは意味を投げかけることで、上に引っ張っていくことができるよ。自分が存在する意味がもてたら上がってこられるからね。

また、シンプルな褒め言葉を伝えるようにしよう。「いいね」「かっこいいね」「かわいいね」こういった簡潔で回りくどくない褒め言葉を投げかけることが効果的だよ。

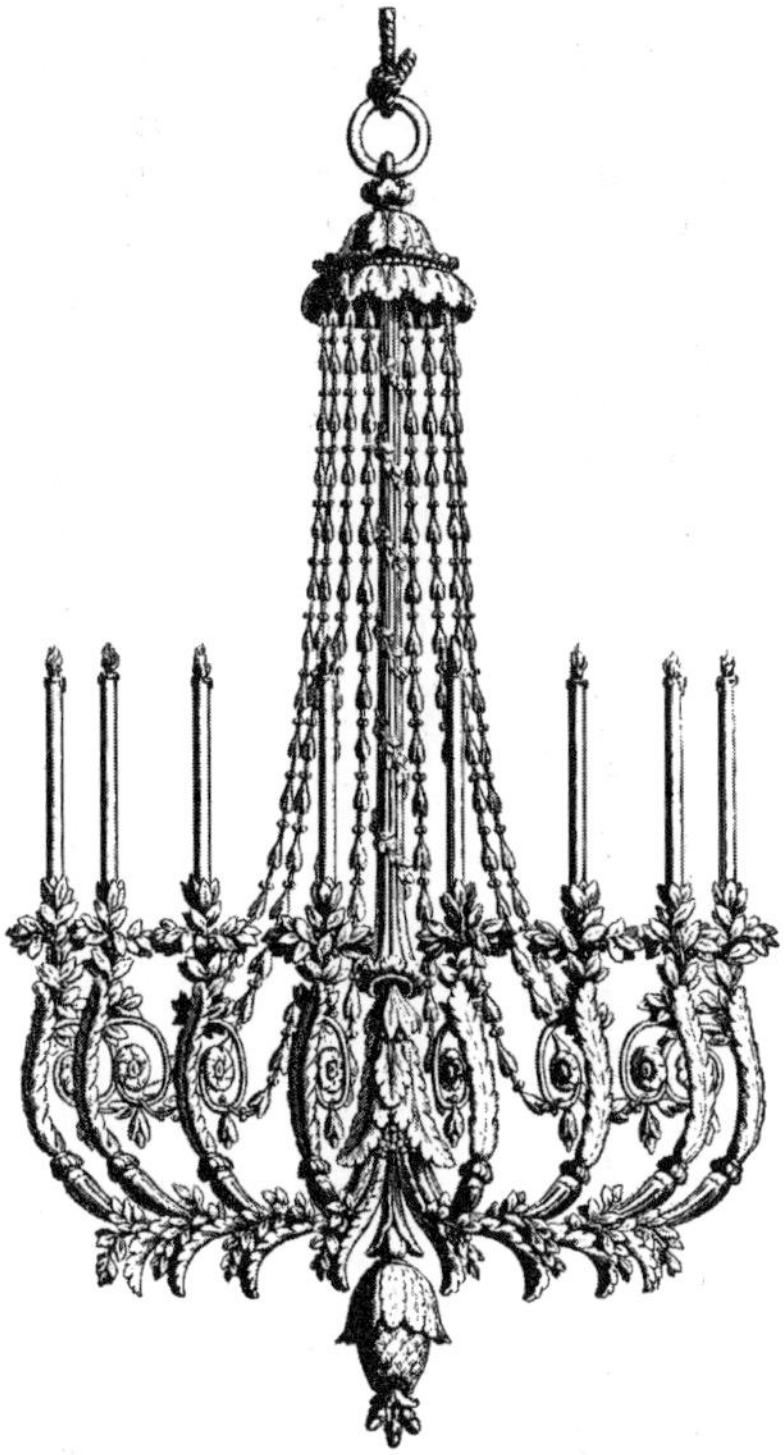

あとがき

それでは、今回のあとがきとして、世界でも未だ数少ない、コンスタンス仮説の専門家たちの声を聞いてみよう。

彼らはコンスタンス仮説を利用したセッションやセラピー、セミナー、執筆活動を通じて、世界と人々に影響を与え続けている。

そんな彼らが、天命を学ぶ事の重要性と、それがいかにあなたの人生を変化させるか、つまり、この本を読む事があなたの人生をどう良くしていくのかを話してくれている。

是非彼らの言葉を読んで、コンスタンス仮説を知ってからの新しい人生に胸を躍らせて欲しい。

自分の天命を生きるための方法を聞いた時、心が震える。
どんな天命の人でも、心にグサッと刺さるものがある。

「あなたは、自分の人生を生きているのか」
「自分の可能性をつぶしていないか」
「自分の夢を諦めていないか」
「もっと自分という唯一無二の存在を輝かせないか」

そう心に問いかけてくる。

天命を知ると、自分の進むべき道が光輝いたように見える。

こうやって生きていったらいいんだよ。
これを意識したらいいんだよと言葉を投げかけてくる。

実に分かりやすく道を示してくる。

そして、実際に天命を意識して生きてみると様々なことが見えてくる。

天命を生きていると自分自身がどれだけ楽に楽しく生きることができているか。
ものごとが上手く進むか。

逆に、上手くいかないとき。
イライラするとき。
悲しいとき。
くるしいとき。
天命から離れている自分が見えてくる。

だから、もっと自分の可能性を感じる。

これまでの人生の単純な延長線上にある人生ではなく、自分の想像を超えたところにある自分の未来が見えてくる。

これまで見えなかった未来をコンスタンス仮説の天命は見せてくれる。

今のままの自分以上の自分に出会える未来が見える。

コンスタンス仮説研究協会　山下大地

初めて天命を聞いたとき、正直、驚いた。全然そんなところが【ない】【あたってない】と思ったから。

でも、天命は、本来持っている特性。
そこを開花するだけでいいのに、なかなかその特性に気付くことができず、苦手と思っているところ。それが、天命。だから、成功してないんだよ。と知った時、だからか、、と心の声がもれた。

今まで気付きもしなかったその特性に初めは驚いたが、天命を学んでいくと、たしかに苦手だけど、そういうところあるな。
苦手だけど、たしかに上手く行った時はその特性があったからか、と、繋がる繋がる。
今まで、自分の中に【ない】と思っていた特性が【ある】に変わった瞬間でした。

それが天命。

自分の本来持って生まれた使命に気付き、それを知って生きるのとそれを【ない】ものとして、知らずに生きるのと、人生が大きく変わることを体験しました。

コンスタンス仮説研究協会　山川 有紀子

コンスタンス仮説を初めて聞いたのは数年前だ。目の前に？？？のマークが飛びまくり、今から何が始まるんだろうってワクワクした。

生年月日と血液型を聞かれ、しばらく経って、10数名の仲間がレオ先生より「あなたはこのグループね。」「きみは、このグループね。」とグループ分けがされ、いよいよチームの名前を聞く時が来た。

もうドキドキもマックスだった。5つのグループに分かれた。「このグループは恋人」「このチームは将軍」「このチームは旅人」「このチームは商人」初めて行われたのは、表層のチーム分けだった。

「表層はこれまでこういう風に生きてきたよ」っていうのがわかる。もともと出ている性格、性質、苦手なところなど。確かに今まで自覚してなかったけどそういう部分があるな気づくと嬉しくなった。もやっとしていた自分が明確になり、頭がスッキリした。

「はーい！またグループ分けをするよ」と声がする。〈今グループ分けしたところなんやけどもう1回、ってなんやろ、えっ？えっ？！〉「君は愛」「君は酒場」「君は目」「君は冠」「君は鎧」と5つのグループに分かれた。「これはね。天命って言うんだよ。自然には出てこない部分で9割9分の人はこれを知らないし、わかっていない。だから、なかなか成功できないところがあるわけ」と話された。

表層では、自分がそうなのかなぁと思うところもあるのに加えて、天命では、全く知らないところで自分の成功の形がわかる。

コンスタンス仮説って「成功者のための統計学だよ」と教わる。〈成功者っ私は何を成功って思ってんのか〉を自分に問いかける。

人それぞれ成功の捉え方は違うと思う。ある人はお金。ある人は自由。ある人は愛かもしれないと自分の成功について思いめぐらしていると、

レオ先生は語られた。「成功と言うのは自分の使命を満たすこと、天命を満たすこと。使命、天命を生かしていくことにより自分がどんどん満たされる。」いつも満たされた人生を送っていきたいと安心して人生を進みたいと思っていたけれど、どうしていいのかわからない。どうしたら自分が満足できるかわからなかったことがピンポイントで見えてくるのが、コンスタンス仮説なんだなぁと感じた。

実は表層は、12種類。天命は9種類もある。

これだけでも他の占いや統計学と違うことがよくわかる。
コンスタンス仮説で、自分の表層と天命がわかると表層を表に出しながら、人生を進んでいってもいいんじゃないか。

いままで知らなかった天命の扉をノックして、ちょっとつづ、目覚めさせて新しい人生を進んでいくことを選択してもいいんじゃないか？

だって、自分の成功のポイントを教えてもらえるから明るい未来がみえるから。

コンスタンス仮説研究協会　こまち まつみ

【表層】が自覚しやすい部分であるとするならば
【天命】は私たちの隠れた才能である。

ほとんどの人が気づいておらず、ましてや避けてきた部分である場合も少なからずある。
かくいう私がそうであった。

自分では到底気づくことができなかったこの隠れた才能をコンスタンス仮説から知ることができるのである。

この【天命】

過去から現在に至る成功者と言われる人達がこの特性をとてもうまく使いこなせている印象がある。

ひとりひとりを個々に分析してみるとそれが如実にあらわれているのである。

だがこの世の中、全員が成功への道をたどっているわけではない。

個人の特性からどのように心掛けると成功への近道を知ることができるのか、それがわかるのが

【天命】なのである。

そして、なんと！！

日々、自分にそれができているか問いかけることができる手法というものを、心理カウンセラーでもある坂口烈緒氏により深い知識から編み出してくださったものを私たちに提供してくださっている。

これについては、当協会のホームページより申し込んでいただければ、我々、専門セラピストによりカウンセリングとしてお伝えできるのだが、
もはやこれは『家宝』である。

成功はゴールではない。
成功し続けることが大事。

毎日、自分に問い続け意識して変えていくことが
創始者、坂口烈緒氏の願いなのではないかと
いただけている大きな愛と感謝と共にそう感じる私である。

コンスタンス仮説研究協会　ウエズミケイコ

自分の生きる意味は一体何だろう？

私の使命は？

そう思いながら自分探しだけに人生の大切な時間を費やす方も多いかも知れません。

コンスタンス仮説の『天命』にはその答えがあります！

コンスタンス仮説の『天命』にこそ、その方が生まれ持った『使命』と成功する為の鍵が隠されているのです。

『天命』を知った方からは
「天命にその通りの言葉があり、今後もそのスタンスで行動していこうと思いました」「天命を知らずにいきていたら、今の現実から抜け出せないことも分からずに、成功も難しかったと思うとゾッとします！」などの『天命』を知ることの重要性に気づく方が多いのです。

26,000通りに分類されるコンスタンス仮説では、『天命』の部分が人生の成功者になる為に最も重要な部分になります！

ここが開花されるか否かによって決まってくるのです！

コンスタンス仮説創始者である坂口烈緒氏は世界的資産家の御家柄でありながら、その恵まれた環境に甘んじることなく、大きな成功を収めていらっしゃるのは、正に『天命』を開花してからだとおっしゃっています。

『天命を生きた時は、魔法としか感じられないような追い風が起こる。自分の努力の何倍もの結果が押し寄せてくるような感覚だ！』と。

『天命』を開花されなければ本当の成功はなく、『表層』の特質のみで生きるだけにとどまってしまうのです。

そして、この『天命』を開花する為に自分自身に問いかける20の質問は、成功をしたい者にとっては秘薬とも言えるでしょう。

コンスタンス仮説研究協会　木村 由香子

鍵がないのに扉を開くことはできません。
天命は、成功の扉を開ける鍵です。
私たちが生活の上でとっている行動の中には、自然ととる行動というものがあります。
しかし、その何気なくとっている行動にこそ、天命を開花させるものがあるのです。

もし、天職だと思ってしていた仕事に対して
「心労が増えてきたからやめるしかないか。」と諦めようとしたことが、実は成功に向かって
動き出しているときの状態だと分かったら、やめるでしょうか。

一度心を落ち着かせて、またそこに戻ろうとするのではないでしょうか。

天命を生きるということは、自分の行動を肯定することです。

そもそも天命とは、自分に備わったものだから、その生き方ができるはずなのです。

今が生きやすかろうがなかろうが、天命は追究するしかありません。

追究すれば成功が必ず待っています。

著者の坂口レオ先生はこう言いました。

「できるか意識するのではない。
多くの人はできることしかしないし、できると言われなければしない。
でも、成功する人はできないことでも何とかしてするものだ。」

天命を知れば、あとは今の自分を受けとめて、天命を生きるために動く。

選択肢はそこにしか残らなくなります。

しかし、その選択は自分を生きるということなのです。

天命は自分ができるはずの、それが自分にとって一番心地いいはずの生き方だからです。

天命を学ぶということは自分らしく生きるということです。
自分が開けるべき扉を開けたいです。

コンスタンス仮説研究協会　金 大吾

著者紹介

コンスタンス仮説研究協会

代表　坂口烈緒

杉山 智子
海老原 美佐
山下 大地
山川 有紀子
ウエズミケイコ
みすてん
木村 由香子
金 大吾
こまち まつみ
若林 三都子

筆者代表・坂口烈緒　プロフィール

スリランカで３００年以上もの長い歴史を持つ老舗の宝石商一族の9代目を継承。

幼少の頃より一族の英才教育を受け、脳科学、哲学、人格心理学、認知心理学、社会心理学、行動心理学など数多くの学問を習得。

世界に有資格者が数十名しかおらず、習得には長い年月がかかるといわれる精神分析手法の技術と資格を20歳で習得。

またわずか16歳で、これらの知識と自らの一族から継承された様々な知識を統合させ、カウンセラーとしての活動を開始。

食生心理などの新時代の学問の開発から、コンスタンス仮説のような古代の叡智の復興まで、時代の枠にとらわれない活躍を見せている。

～ 支配者たちの統計学 ～
「コンスタンス仮説 」
【天命編】

発 行 日　2022 年 7 月 22 日　初版第 1 刷発行
著　　者　コンスタンス仮説研究協会
発 売 元　株式会社 星雲社（共同出版社・流通責任出版社）
〒 112-0005
東京都文京区水道 1-3-30
TEL03-3868-3275　FAX03-3868-6588
発 行 所　銀河書籍
〒 590-0965
大阪府堺市堺区南旅篭町東 4-1-1
TEL 072-350-3866　FAX 072-350-3083
印 刷 所　有限会社ニシダ印刷製本

© constance hypothesis research association 2022 Printed in Japan
ISBN978-4-434-30705-8　C0011